自由間接話法とは何か

文学と言語学のクロスロード

平塚徹 編

ひつじ書房

まえがき

　自由間接話法は、文学においても、言語学においても、多大な関心を引いてきた。本書は、平塚徹（一般言語学・フランス語学）、赤羽研三（フランス文学）、阿部宏（フランス語学）、三瓶裕文（ドイツ語学）というさまざまな分野の研究者が自由間接話法について論じることによって、自由間接話法がどのようなものであるかということを立体的に捉えようとするものである。

　以下に、本書を読まれる際の案内となるように、各論文について簡単に紹介しておく。

平塚徹「自由間接話法とは何か」

　本書の導入として、自由間接話法がどのようなものかを解説している。自由間接話法が伝達節のない間接話法ではないことを見た上で、その基本的な特徴を概観し、さまざまな話法との関係を整理している。また、自由間接話法をめぐる諸問題（①まとめられた自由間接話法、②「二声仮説」と「語り手不在説」、③知覚の自由間接話法、④自由間接話法とフランス語の単純過去）を紹介し、見解を述べている。

赤羽研三「小説における自由間接話法」

　言語学におけるバンヴェニストやバンフィールドの考え方を参照しながら、フローベールの小説における自由間接話法を分析した論文。意識の表出としての自由間接話法の効果を明らかにし、発話や思考の語り手による報告（「語り手の声」）とは違う、ブランショの、非人称的な「語りの声」との関連を示唆している。そしてまた、自由間接話法の境界は曖昧であり、その効果は地の語りそのものにも波及することを論じている。

阿部宏「作中世界からの声―疑似発話行為と自由間接話法」

　バンヴェニストは「話」と「歴史」を区別した。しかし、「話」にしか出現しないはずの時間ダイクシスや空間ダイクシスが、実際には「歴史」であるはずの小説の地の文に出現する。このことから、作中世界において疑似的な発話者による疑似的な発話行為が行われているとし、自由間接話法もその表れであることを論じている。また、日本語が自由間接話法と形式的に同等のものを持たないことについても、説明を行っている。

三瓶裕文「心的視点性と体験話法の機能について―ドイツ語の場合」

　心的視点は語り手と作中人物の間を連続的に移動するが、ドイツ語の自由間接話法である体験話法は、作中人物の視点性が優勢で語り手の視点性が若干ある場合に現れるとする。「主観カメラ」や「共同注意」と言った概念も援用しながら、体験話法により読者が知らないうちに登場人物の内心を共体験するメカニズムを解明している。また、ドイツ語と日本語の体験話法を比較し、双方向の翻訳に働く基本原理を導き出している。

　自由間接話法は文学と言語学の両方にわたるテーマであるが、本書のいずれの論文も両分野にまたがるものとなっている。本書の言語学的な議論や分析を通して、小説を読むことの意味についてさらなる議論が喚起され、知見が深まることを希望している。これが、本書のサブタイトルを「文学と言語学のクロスロード」とした所以である。

目　次

まえがき　　　　　　　　　　　　　　　　　　　　　　　　　　iii

自由間接話法とは何か　　　　　　　　　　　　　平塚徹　1

　1　はじめに　　　　　　　　　　　　　　　　　　　　　　　　1

　2　自由間接話法は「自由間接話法」ではない　　　　　　　　　5

　　2.1　自由間接話法は間接話法の伝達節を省略したものではない　　6

　　2.2　間接話法は言語によってさまざまである　　　　　　　　8

　　2.3　間接話法を参照して自由間接話法を規定するべきではない　　12

　3　さまざまな話法と自由間接話法　　　　　　　　　　　　　15

　　3.1　さまざまな話法　　　　　　　　　　　　　　　　　　16

　　3.2　自由間接話法　　　　　　　　　　　　　　　　　　　20

　4　話法の連続性　　　　　　　　　　　　　　　　　　　　　22

　　4.1　伝達節　　　　　　　　　　　　　　　　　　　　　　22

　　4.2　ドイツ語の伝達節を欠く間接話法と自由間接話法　　　　24

　　4.3　間接話法の変異形　　　　　　　　　　　　　　　　　26

　5　自由間接話法の幾つかの問題　　　　　　　　　　　　　　30

　　5.1　まとめられた自由間接話法　　　　　　　　　　　　　30

　　5.2　二声仮説と語り手不在説　　　　　　　　　　　　　　32

　　5.3　知覚の自由間接話法　　　　　　　　　　　　　　　　34

　　5.4　自由間接話法とフランス語の単純過去　　　　　　　　36

　6　まとめ　　　　　　　　　　　　　　　　　　　　　　　　40

小説における自由間接話法　　　　　　　　　　赤羽研三　49

　1　はじめに　　　　　　　　　　　　　　　　　　　　　　　49

| 2 | 話モードと語りモード | 51 |

3	話法	53
3.1	話法という問題設定	53
3.2	自由間接文体という命名	54
3.3	直接話法と間接話法	55
3.4	なぜ自由間接文体なのか	56
3.5	SIL の境界の曖昧さ	57
3.6	書き手と語り手	58
3.7	語り手の現われ	59

4	様々な自由間接文体	61
4.1	直接話法と間接話法の共存	61
4.2	口に出された言葉での自由間接文体	62
4.3	内話における自由間接文体	63
4.4	情動の発露	66
4.5	反省的意識と非反省的意識	68
4.6	意識と内面	69
4.7	夢想と知覚	70
4.8	SIL と地の文との連続性	72

5	「語る」と「見る」	76
5.1	見ること	76
5.2	見ることと語ること	78
5.3	フィクションの発話行為	80
5.4	見ることとリアル	81
5.5	非人称的なカメラの眼	85

| 6 | 心の内と外の境界の曖昧化 | 86 |

| 7 | 新たなヴィジョン | 90 |

作中世界からの声―疑似発話行為と自由間接話法　　　阿部宏　99

| 1 | はじめに | 99 |

2	バンヴェニストの時間論・時制論	104
3	時間ダイクシス	115
4	空間ダイクシス	120
5	自由間接話法と「二重の声」	125
6	日本語における作中世界からの声	132
7	その他の問題	137
8	まとめ	139

心的視点性と体験話法の機能について―ドイツ語の場合　　三瓶裕文　143

1	はじめに	143
1.1	目的、対象、先行研究	143
1.2	理論的基盤：心的視点、認知的原理「近ければ近いほど直接的知覚」	144
2	直接話法、間接話法	148
2.1	直接話法：〈導入部(語り手の視点)＋再現部(作中人物の視点)〉	148
2.2	間接話法：〈語り手の視点性優勢：距離感、中立性〉	150
2.3	地の文	155
3	体験話法：優勢な作中人物の視点性＋若干の語り手の視点性	155
3.1	作中人物の内心(思考・知覚)の共体験的・目立たぬ再現	158
3.2	読者に及ぼす影響：読者に作中人物の内心を共体験させる	163
3.3	体験話法の翻訳	174
4	まとめ	183

あとがき	193
索引	195
執筆者紹介	199

自由間接話法とは何か

平塚　徹

1　はじめに

　話法とは、他人や過去の自分などの発話を提示する方法のことである。これには複数の方法があるが、直接話法と間接話法が代表的なものである[1]。
　直接話法とは、英語なら(1)のようなものである。

（1）　John said, "I am sick".
　　　ジョンは、「私は病気だ」と言った。

ここでは、John said（ジョンは言った）という「伝達節」の後に、ジョンの発話が引用符に挟まれて引用されている。伝統的には、直接話法においては、発話がもともとの形のまま引用されるとされてきた。しかし、直接話法は元の発話の再現であるどころか、実際には、引用者によって言い換えられたり、作り出されたりしている (Tannen 1989: 98–133; Clark and Gerrig 1990: 795–800, Fludernik 1993: 409–414; 鎌田 2000: 51–84; 藤田 2000: 146–178)。しかしながら、(1)において一人称代名詞や現在時制を用いているのは、発話時点での発話者の立場からの選択である。つまり、直接話法とは、発話者の立場に立った表現形式で発話を提示するものである。
　これに対して、間接話法においては、発話は引用者の立場から言い直される。(1)を間接話法にすると、次のようになる。

（2） John said that he was sick.

　　　ジョンは自分は病気だと言った。

ここでは、伝達節 John said の後に従属接続詞 that と伝達内容を表す従属節すなわち被伝達節が来ている。直接話法と比べると、一人称代名詞 I は三人称代名詞 he に、現在形は過去形になり、引用者の立場から言い換えられている。いわゆる「話法の転換」と呼ばれる操作である。

　直接話法と間接話法が話法の二つの基本形と言っても良いが、いずれにしても、John said のような発話があったことを明示する伝達節がある。しかし、この伝達節を欠いているとされる話法がある。(1)の直接話法と(2)の間接話法に対して、次のように伝達節がないにもかかわらず、ジョンが言った内容として理解される場合である。

（3） I am sick.

　　　私は病気だ。

（4） He was sick.

　　　彼は病気だった。

(3)のように、直接話法の被伝達節が伝達節なしで出てきている場合を自由直接話法と呼ぶ。それに対して、(4)のように、伝達節なしで、間接話法と同じように人称や時制が引用者の立場から言い換えられている場合を自由間接話法と呼ぶ。

　自由間接話法の例を文脈付きであげる。

（5） The MP for Liverpool asked whether further consideration could be given
　　　to the Bill. What provision had the Minister given for the unemployed?

　　　　　　　　　　　　　　　　　　　　　　　　　　（Wales 1994: 4298）

　　　リバプール選出の国会議員は議案にさらなる考慮を払うことはできるかと
　　　問うた。大臣は失業者にどのような支援を与えたのか。

ここでは、リバプール選出の国会議員が問うた内容を表す間接話法の疑問文の後に伝達節のない疑問文が出てきている。この疑問文は、伝達節がないにもかかわらず、やはり、リバプール選出の国会議員が問うた内容として理解される。時制は、引用者の立場から選択されている。

　次はフランスの作家ウェルベックの小説『服従』の一節である（角括弧内は英訳である）。

（6）　₁« Tu as faim ? » demandai-je pour dissiper le malaise, ₂non elle n'avait pas faim mais enfin on finit toujours par manger.

（Houellebecq, *Soumission*）

[₁'Are you hungry?' I asked to smooth things over. ₂No, she wasn't hungry, but we always ended up eating.　（Houellebecq, *Submission*）]

₁「おなかすいているかい」私は気まずさを打ち消すために尋ねた。₂いや、彼女はおなかはすいていなかった、しかし、それでも結局は食事をした。

下線部2は「彼女は答えた」という伝達節がないにもかかわらず、下線部1の質問に対する彼女の返事「いいえ、おなかは空いていないわ」を表しているものと解釈される。ここでは、人称と時制が語り手の立場から言い換えられている。

　次はフランスの作家トゥーサンの小説『浴室』からの例である。

（7）　【私は恋人とヴェネツィアにいたが、彼女に怪我をさせてしまった。彼女はパリに戻り、私はヴェネツィアに残った。しかし、しばらくしてから私もパリに戻り、空港から恋人に電話した。彼女はウィークエンドをどう過ごしたかを話した。】

₁Je demandai si je pouvais rentrer. ₂Oui, si je voulais, je pouvais rentrer.

（Toussaint, *La Salle de bain*）

[₁I asked if I could come home. ₂Yes, if I wanted to, I could come home.

（Toussaint, *The Bathroom*）]

₁私は帰っていいか尋ねた。₂うん、私がそうしたいのなら、帰ってよかった。

下線部 2 は、下線部 1 の質問に対する彼女の返事「ええ、そうしたいなら、帰っていいわよ」を表していると解釈される。

　しかし、この自由間接話法は、小説においては、発話よりも思考を表すのに用いられる。次はダン・ブラウンの小説『天使と悪魔』からの例である。

（8）　The church was quiet, the thick stone walls blocking out all hints of the outside world. As they hurried past one chapel after the other, pale humanoid forms wavered like ghosts behind the rustling plastic. *Carved marble*, Langdon told himself, hoping he was right. It was 8:06 P.M. Had the killer been punctual and slipped out before Langdon and Vittoria had entered? Or was he still here? Langdon was unsure which scenario he preferred.　　　　　　　　　　　　　　　　　　　　　　（Brown, *Angels & Demons*）
　　　教会は、厚い石壁が外の世界の気配を全てさえぎっていて、静かだった。次の礼拝堂を急いで通り過ぎるとき、カサカサと音を立てるビニールの後ろで白っぽい人の形が幽霊のように揺れた。大理石の彫刻だ、ラングドンは自分が正しいことを願いながら自分に言った。午後 8 時 6 分だった。殺人者は時間を守って、ラングドンとヴィクトリアが入る前にこっそりと出て行ったのだろうか。それとも、まだここにいるのだろうか。ラングドンはどちらの筋書きがいいか確信がなかった。

下線部は、「ラングドンは思った」のような伝達節がないにもかかわらず、ラングドンの思ったこととして解釈される。つまり、思考が自由間接話法で表されているのである。

　「自由間接話法」は、さまざまな名称で呼ばれてきた。フランスのバイイ（Bally 1912）は、style indirect libre（英語にすると free indirect style）と呼んだ。しかし、discours indirect libre（英語にすると free indirect discourse）という言い方も行われている。英語圏では、free indirect discourse/speech/style という呼称もあるが、イェスペルセン（Jespersen 1924）の represented speech（描出話法）という呼称も使われている。一方、ドイツ語圏では、erlebte Rede（体験話法）という用語が定着している。

「自由間接話法」という名称は、「間接話法」が伝達節から「自由」になったものという命名である。このため、間接話法から自由間接話法を派生する次のような操作が想定されるかもしれない。

（9） John said that he was sick.　間接話法
　　　　　　　↓
　~~John said that~~ he was sick.　伝達節の削除
　　　　　　　↓
　　　He was sick.　　　　　　自由間接話法

しかし、自由間接話法は、間接話法の伝達節を省略したものではない。また、自由間接話法を規定するのに、間接話法を参照することも適切ではない。本稿では、まず、このことを見ていき、自由間接話法が何かということを考える。それから、自由間接話法に関する幾つかの問題を取り上げる。

　本稿の構成は以下のとおりである。第2節では、自由間接話法がその名称にもかかわらず、伝達節のない間接話法ではないことを見る。第3節では、思考を伝える話法には、思考を言語に見立てるメタファーが関与しているという見方を提案する。そして、話法の全体像を概観し、その中に自由間接話法を位置付ける。第4節では話法の連続性について見る。第5節では、自由間接話法の幾つかの問題について見る。最後に、第6節で本稿をまとめる[2]。

2　自由間接話法は「自由間接話法」ではない

　本節では、自由間接話法が、その名称にもかかわらず、伝達節のない間接話法ではないことをみる。まず、2.1 では、自由間接話法は間接話法の伝達節を省略したものではないことを見る。次に、2.2 では、間接話法が言語によってさまざまであることを見る。それを踏まえて、2.3 では、自由間接話法を直接話法と間接話法に基づいて規定するのは不適切で、むしろ直接話法と語りに基づいて規定するべきであることを論じる。

2.1 自由間接話法は間接話法の伝達節を省略したものではない

　自由間接話法では、間接話法の被伝達節には見られない現象が見られる。これは、基本的には、伝達内容が自由間接話法では主節に現れるのに対して、間接話法では従属節に現れることによっている。

　Banfield (1982: 71–75) は、自由間接話法で見られる現象として、疑問文の倒置、話題化、右方転移、感嘆文、反復やためらい、不完全な文、呼びかけ、方言など、さまざまなものを挙げている。例えば、(10)の自由間接話法では疑問文の倒置が見られる。

(10) The way to the Regent's Park Tube station – could they tell her the way to Regent's Park Tube station – Maisie Johnson wanted to know.

(Woolf, *Mrs Dalloway*, in Banfield 1982: 72)

リージェント公園駅への道——地下鉄のリージェント公園駅への道を教えていただけますか——メイジー・ジョンソンは尋ねた。

Banfield は、このような倒置は直接話法では可能だが、間接話法では不可能だとしている。

(11) 'Can you tell me the way to Regent's Park Tube station?' inquired Maisie Johnson. (Banfield 1982: 28)

「地下鉄のリージェント公園駅への道を教えていただけますか」メイジー・ジョンソンは尋ねた。

(12) Maisie Johnson inquired whether $\begin{Bmatrix} \text{*could they tell her the way ...} \\ \text{they could tell her the way ...} \end{Bmatrix}$ (ibid.)

次は、話題化の例である。

(13) Absurd, she was – very absurd.

(Woolf, *Mrs Dalloway*, in Banfield 1982: 72)

とんでもない人だわ、彼女は——本当にとんでもない人。

(14) 'Absurd, she is,' Clarissa insisted. (Banfield 1982: 29)

「とんでもない人だわ、彼女は」とクラリッサは主張した。

(15) Clarissa insisted that $\left\{\begin{array}{l}\text{*absurd, she was.}\\ \text{she was absurd.}\end{array}\right\}$ (ibid.)

同様に、右方転移の例である。

(16) For they might be parted for hundreds of years, she and Peter;

(Woolf, *Mrs Dalloway*, in Banfield 1982: 72)

というのは、何百年も離れ離れになっていたかもしれないもの、ピーターとは。

(17) She replied, 'We may be parted for years, I and Peter.' (Banfield 1982: 30)

「何百年も離れ離れになっていたかもしれないもの、ピーターとは」と彼女は答えた。

(18) *She replied that they might be parted for years, she and Peter. (ibid.)

　もっとも、4.3 で見るように、Banfield が間接話法に現れないとした現象が、実際には間接話法に出てくることがある。しかし、これらの現象は、本来、直接話法のものであることは変わらないと考えられる。このことから、自由間接話法は間接話法の伝達節を省略したものではないと考えられる。

　そこで、自由間接話法は、間接話法と（自由）直接話法の両方の性質を有するものという考え方が出てくる。具体的には、人称や時制については間接話法のように語り手の立場から選択されるのに対して、統語的には（自由）直接話法のように主節として振舞うという考え方である。しかし、このように間接話法を参照して自由間接話法を規定するのには問題がある。なぜなら、間接話法のあり方は言語によって異なるからである。

2.2　間接話法は言語によってさまざまである

　間接話法といっても、そのあり方は言語によって異なる。まず、「話法の転換」が英語と同じように行われるとは限らない。例えば、ロシア語では「時

制の一致」が起きない[3]。以下の例では、(19) の直接話法を (20) の間接話法
に転換している。

(19) Džon skazal: 'Ja ujdu   zavtra'   (Comrie 1985: 109)
     John   said   I will.leave tomorrow
     ジョンは「私は明日発つ」と言った。

(20) Džon skazal, čto on ujdet   na sledujuščij den'   (ibid.)
     John   said   that he will.leave on following day
     ジョンは翌日発つと言った。

ここでは、一人称代名詞 ja（私は）が三人称代名詞 on（彼は）に、時間表現の
zavtra（明日）が na sledujuščij den'（翌日に）に転換されているが、動詞は一人
称の ujdu から三人称の ujdet に変わっただけで、時制は変わっていない。こ
れは、ロシア語が過去から見た未来（過去未来）を表す would leave のような
形式を有していないことと連動している。同じように過去における過去（大
過去）を表す形式もないので[4]、間接話法でも直接話法と同じ過去形を用い
る。ロシア語と同様に時制体系が単純化したチェコ語も、間接話法で時制の
一致をしない（石川 1996: 143–144; 金指 2010: 199）。もっとも、以下で見る
とおり、ロシア語やチェコ語ほど時制体系が単純化していなくても、間接話
法において時制の一致が見られない言語もある。
　間接話法であることを示す形式もさまざまである。英語では、従属接続詞
や時制によって間接話法であることが表示されるが、言語によっては動詞の
法や語順も使われる。
　ドイツ語は、さまざまな間接話法の様相を呈する。大きく分けて、従属接
続詞を用いる場合と、用いない場合がある。従属接続詞を用いる場合には、
被伝達節の語順の変更を伴う（語釈にある「繋辞」とは、英語の be 動詞に対
応するものである）。

(21) Er sagt,   dass   er   krank sei.
彼は 言う.3.単　従属接続詞 彼は 病気の 繋辞.接続法第Ⅰ式.3.単
彼は病気だと言っている。

ドイツ語の基本語順は主節では SVO であるが、従属節では動詞が後置されるという規則がある。従属接続詞を用いた間接話法では、被伝達節は従属節としてこの規則に従い、動詞が後置される。よって、間接話法であることを示すのに、語順も利用されていると言える。また、間接話法の被伝達節では、動詞は接続法第Ⅰ式という形式を用いるのが基本である。よって、この動詞の形態も間接話法であることを示すのに用いられていると言える。もっとも、被伝達節の内容を確信していれば直説法を、疑っていれば接続法第Ⅱ式という形式も用いられる（ただし、接続法第Ⅰ式が直説法と区別がつかない場合に、接続法第Ⅱ式を使うという場合もある）。

(22)　Er sagt, dass er krank ist.
　　　　　　　　　　　繋辞.直説法.3.単
(23)　Er sagt, dass er krank wäre.
　　　　　　　　　　　繋辞.接続法第Ⅱ式.3.単

　他方、従属接続詞を用いない間接話法においては、従属節がそのまま並置される。この場合、（21）から（23）の文は、それぞれ、以下のようになる。

(24)　Er sagt, er sei krank.
(25)　Er sagt, er ist krank.
(26)　Er sagt, er wäre krank.

従属節の定動詞は、通常の規則に従わず、主節と同じ語順を取っている。つまり、従属接続詞を用いる場合ほど、被伝達節が従属節らしくなく、主節の性質も持っているのである。
　また、ドイツ語の間接話法は時制の一致をしない。上で見たように、ロシ

ア語の間接話法も時制の一致をしないが、それは過去未来や大過去を表す形式が存在しないことと連動していた。しかし、ドイツ語にはそれらを表す形式が存在しているにもかかわらず、時制の一致をしない。過去未来や大過去を表す形式が存在しないことが、時制の一致をしないことの必要条件ではないのである。

　ラテン語では、被伝達節に不定詞句が使われる。不定詞の主語は対格に置かれる。

(27)　Cicero　　　dixit　　　　　　eum　　sibi
　　　キケロ.主格　言う.現在完了.3.単　　彼.対格　自分.与格
　　　maledixisse.　　　　　　　　　　　　（Woodcock 1959: 24）
　　　誹謗する.完了不定詞
　　　キケロは彼が自分のことを誹謗したと言った。

不定詞句は従属節であるから、この形式が間接話法であることを示すのに用いられていると言える。また、被伝達節において主節の主語と同一指示であることを表すのに再帰代名詞が用いられている。これは、伝統文法では、同一節内の主語と同一指示であることを表す direct reflexive pronoun（直接再帰代名詞）と区別して、indirect reflexive pronoun（間接再帰代名詞）と呼ばれてきた。言語学ではこのような機能を持つ代名詞を logophoric pronoun（話者指示代名詞）と呼ぶ[5]。ラテン語では再帰代名詞が話者指示の機能も兼ねているが、話者指示専用の代名詞を有する言語も存在している（Hagège 1974; Clements 1975）。

　英語と同じような形式の間接話法を有する言語であっても、細かな差異が見られる[6]。例えば、フランス語の間接話法では、従属接続詞の後に、英語の yes や no に相当する oui、non が現れる（Jespersen 1924: 299; Fludernik 1993: 148）。

(28)　Il　　dit　　　　　　　que　　　{oui / non}
　　　彼は 言う.直説法.3.単　　従属接続詞 はい いいえ

これを英訳する場合、He says that yes/no とはならず、He says {so / not} となる。

　間接話法といっても、言語によって、また、個別言語の内部においても、その形式はさまざまである。間接話法は発話を引用者の立場から言い換えているが、全てを言い換えるとは限らない。人称あるいは時と場所の表現は変換しても、時制は変換しない言語もある。また、間接話法では発話内容が従属節で表されるわけだが、それがどこまで従属節らしいかには程度の差があり、主節の特徴の一部を示す場合もある。このことは、直接話法と間接話法は、根本的には、必ずしも截然と別れるものではなく、むしろ連続したものであることを示唆している。

　古典ギリシア語や聖書ギリシア語においては、従属接続詞の後に直接話法が現れることがある。次の例は、ギリシア語聖書の『マルコによる福音書』第 1 章第 37 節からの引用である。

(29)　λέγουσιν　　αὐτῷ ὅτι Πάντες ζητοῦσίν　　σε.
　　　彼らは言う 彼に　と　皆が　探している あなたを
　　　彼らは彼に「皆があなたを探している」と言う。

ここでは、シモンとその仲間がイエスに「皆があなたを探している」と言う場面である。本来は間接話法を導く従属接続詞の後であるにもかかわらず、イエスのことを「彼を」ではなく、「あなたを」としている。同じような例は、同書同章第 40 節にも現れる。このような語法は、ヘロドトスから始まり、くだけた文体とされている (Smyth 1956: 584)。ロシア語においても、やはり、従属接続詞の後に直接話法が現れる場合があり、полупрямая речь（半直接話法）と呼ばれている（新井 2001: 73）[7]。このような場合は英語にもある。

(30)　she thought that peradventure he will fight for me.
　　　　　　　　　　　　(Tennyson, *Idylls of the King*, in Jespersen 1924: 299)
　　　彼女はもしかしたら彼が私のために戦ってくれるかもしれないと思った。

12 平塚 徹

　このような例を見ると、直接話法と間接話法の境界は曖昧なものであると思われる。この連続体の上に、間接話法の形式が、直接話法とどこまで明確に区別できる形で発達しているかが言語によって異なるのである[8]。

2.3　間接話法を参照して自由間接話法を規定するべきではない

　ドイツ語には、自由間接話法とは別に、「伝達節が欠如した間接話法」というものが存在する。ドイツ語では、間接話法の従属節に接続法が現れるが、伝達節がなくても動詞が接続法だと間接話法として解釈されるのである。三瓶（2004: 99）が挙げている、ケストナーの『飛ぶ教室』からの例を引用する。

(31)　Er erzählte ihnen, daß er ihren Rektor, den Oberstudiendirektor Prof. Dr. Grünkern, gut kenne. Und wie es ihm gehe. Und hier oben sei nicht viel zu sehen. Denn der Himmel sei ja unsichtbar. Und fotografieren dürften sie auch nicht.　　　　　　　　　　（Kästner, *Das fliegende Klassenzimmer*）
　　　　彼は、校長のグリューンケルン博士をよく知っていると彼らに言った。そして、彼は元気かと［言った］。そして、ここには見るべきものはあまりないと［言った］。というのは、天国は目に見えないのだからと［言った］。そして、彼らは写真も撮ってはいけないと［言った］。

ここでは、第 1 文では、Er erzählte ihnen（彼は彼らに言った）という伝達節の後、従属接続詞 daß に導かれて、動詞が接続法になっている被伝達節が続くという典型的な間接話法になっている。しかし、第 2 文以降は、伝達節も、従属接続詞もなく、被伝達節が主節となって並んでいる。これらの文が被伝達節であることは、動詞が接続法であることによって示されているのである。

　このため、ドイツ語の自由間接話法は、伝達節の無い間接話法と規定することができない。その結果、「自由間接話法」という名称を避けて、「体験話法」（erlebte Rede）という名称が定着している。

　さらにドイツ語の間接話法においては、時制の一致も行われない。他方、

自由間接話法の時制はドイツ語においても語り手の立場から選択される。つまり、自由間接話法の時制を間接話法を参照して説明することはできないのである。

　間接話法とは、伝達内容を伝達節の従属節として組み込んだものであるが、そのための従属節化の操作は、2.2 で見てきたとおり、言語によって異なっている。そのため、自由間接話法を規定するのに間接話法を参照するべきではない。人称や時制については、単に、語り手の立場から選択されると規定するのが適切である。つまり、人称や時制の選択が語りと同じだということである。このため、自由間接話法は語りと連続しているのである。

　自由間接話法では、時や場所の副詞句などが、被引用者の立場から選択されることがしばしばある。つまり、直接話法と同じ表現が用いられることがあるのである。例えば、直接話法の(32)の here（ここ）と yesterday（昨日）が、間接話法の(33)では there（そこ）と the day before（前日）になっているが、自由間接話法の(34)では直接話法と同じく here と yesterday になりうる。

(32)　He stopped and said to himself, 'Is that the car I saw here yesterday?'

(Pascal 1977: 8)

　　　彼は立ち止まって、「あれはきのうここで見た車か？」と思った。

(33)　He stopped and asked himself if that was the car he had seen there the day before. (ibid.)

　　　彼は立ち止まって、あれは前日にそこで見た車か自問した。

(34)　He stopped. Was that the car he had seen here yesterday? (ibid.)

　　　彼は立ち止まった。あれはきのうここで見た車か。

以下の例では、語り手の立場からは the next day（翌日）や that day（その日）となるところを、登場人物の立場から tomorrow（明日）や today（今日）としている（なお、(35)の To-morrow は古い綴りである）。

(35)　To-morrow was Monday, Monday, the beginning of another school week!

(Lawrence, *Women in Love*, in Banfield 1982:98)

明日は月曜日だった。月曜日、また学校での一週間の始まり！

(36)　Today she did not want him.

　　　　　　　　（Lawrence, *The First Lady Chatterley*, in Banfield 1982:98）

今日は彼女は彼に会いたくなかった。

　以上は時と場所の表現であるが、指示形容詞も that（その）ではなく this（この）を用いることができる。

(37)　She had seen this film before.　　　　　　　　（Wales 1994: 4299）

彼女はこの映画を以前に見たことがあった。

　自由間接話法と間接話法は、他にも相違点がある。例えば、次の例文を見られたい（エディプスは、自分の母親であるイオカステとそうとは知らずに結婚してしまったギリシア神話の登場人物である）。

(38)　Oedipus said that his mother was beautiful.　　　（Banfield 1982: 27）

エディプスは母のことを美しいと言った。

この間接話法の文には二つの解釈がある。ひとつは、エディプスが文字通り「私の母は美しい」と言ったという解釈である。例えば、エディプスは、自分の母親でない女性を自分の母親だと思い込んで、彼女のことを美しいと言っているのである。つまり、「母」という語は、事実とは関係なく、あくまでもエディプスの言った言い方に基づくものである。このような解釈を de dicto 解釈と言う。もうひとつは、エディプスが例えば「イオカステは美しい」と言ったという解釈である。彼はイオカステが自分の母親だとは知らず、引用者が「イオカステ」を「彼の母」と言い換えているのである。この場合、「母」という語は、エディプスの知らない事実に基づいて使われている。このような解釈を de re 解釈と言う。しかし、このような言い換えは直接話法では不可能である。よって、次の文には de dicto 解釈しかなく、de re 解釈は不可能なのである。

(39)　Oedipus said, 'My mother is beautiful.'　　　　　　　　　　（ibid.）
　　　エディプスは、「私の母は美しい」と言った。

　ところが、自由間接話法においては、直接話法と同じく、de dicto 解釈しかない。例えば、間接話法の(40)は、エディプスがイオカステは自分の母親ではないと信じていたという de re 解釈が可能である。これは引用者がイオカステのことを「彼の母親」と言い換えることができるからである。

(40)　Oedipus believed that his mother wasn't his mother.

　　　　　　　　　　　　　　　　　　　　　　　　　（Reinhart 1983: 173）

　　　エディプスは自分の母親のことを自分の母親でないと信じていた。

これに対して、自由間接話法の(41)は、エディプスが矛盾した内容の信念を持っているという de dicto 解釈しかできないのである[9]。

(41)　# His mother was not his mother, Oedipus believed.　　　（ibid.）
　　　自分の母親は自分の母親ではない。エディプスは信じていた。

つまり、間接話法では、元の名詞句を被引用者の知識や信念と関係なく、引用者の立場から言い換えを行えるのに対して、自由間接話法ではそれができないのである。
　以上のように、自由間接話法は間接話法とは異なっており、自由間接話法の規定において間接話法を参照するべきではない。

3　さまざまな話法と自由間接話法

　本節では、まず、3.1 で、さまざまな話法を概観し、思考を伝える話法に思考を言語に見立てるメタファーが関与しているという見方を提案する。そして、3.2 で、話法の全体像を概観し、その中に自由間接話法を位置付ける。

3.1 さまざまな話法

話法には、発話を伝えるものだけでなく、思考を伝えるものも含められてきた。これは、両者に共通する点が多いからである。しかしながら、リーチ・ショート（2003）は、この両者を区別するべきであるとした。

まずは、発話の伝え方については、リーチ・ショート（2003: 235–255）に従うと、以下のものが区別される。

(42)　・発話行為の語り手による伝達（NRSA）
　　　・間接話法（IS）
　　　・自由間接話法（FIS）
　　　・直接話法（DS）
　　　・自由直接話法（FDS）

発話行為の語り手による伝達（narrative report of speech acts）（NRSA）は、発話行為が起こったことをだけを伝えるものであり、Page（1988: 35–36）の submerged speech や McHale（1978: 258–259）の diegetic summary に相当する。

(43)　He promised to return.
　　　彼は戻ることを約束した。　　　　　　　　　（リーチ・ショート 2003 : 241）

(44)　He promised to visit her again.
　　　彼は再び彼女を訪れることを約束した。　　　　　　　　　　　　（ibid.）

このような場合、発話の具体的な内容や形式については重要でないものとして背景化されている。

自由直接話法は、直接話法の伝達節が欠如したものである。以下はダン・ブラウンの『天使と悪魔』からの引用で、カメルレンゴ（教皇空位期間の教皇代理）が神に祈ると、神が現れたくだりである。

(45)　The voice in his head resounded like peals of thunder. *"Did you vow to serve your God?"*

"Yes!" the camerlengo cried out.

"*Would you die for your God?*"

"Yes! Take me now!"

"*Would you die for your church?*"

"Yes! Please deliver me!"

"*But would you die for . . . mankind?*"　　　　　　　　(Brown, *Angels & Demons*)

その声は頭の中で雷鳴のように鳴り響いた。「おまえは神に仕えると誓った
か」

「はい」カメルレンゴは大声で言った。

「神のために死ねるか」

「はい、今すぐお連れください。」

「教会のために死ねるか」

「はい、どうか私をお救いください。」

「では……人々のために死ねるか。」

ここでは、最初のやり取りの後は、伝達節なしでセリフが続く。これによ
り、神の問い掛けとカメルレンゴの答えが矢継ぎ早に繰り返されることが表
現されている。引用部分を明示するための引用符は言語によってさまざま
な形のものがあるが、対話の場合にはダッシュも使用される。また、引用
符を用いず、セリフと地の文が外見上区別されない場合もある (Wales 1994:
4298)。

　他方、思考の伝え方についても、発話の場合と平行的に次のような区別が
できる(リーチ・ショート 2003: 255–268)。

(46)　He wondered about her love for him.
　　　（思考行為の語り手による伝達：NRTA）
　　　彼は彼に対する彼女の愛について思いめぐらした。

(47)　He wondered if she still loved him.（間接思考：IT）
　　　彼女はまだ彼を愛しているのだろうか、と彼は思った。

(48)　Did she still love him?（自由間接思考：FIT）

彼女はまだ彼を愛していただろうか。

(49)　He wondered, 'Does she still love me?' (直接思考：DT)
　　　 「彼女はまだぼくを愛しているだろうか」と彼は思った。

(50)　Does she still love me? (自由直接思考：FDT)
　　　 彼女はまだぼくを愛しているだろうか。

　このように並べると、思考の伝え方は、発話の伝え方と同じであるように見える。しかし、リーチ・ショート (2003) 以来、両者を区別する考え方が広く受け入れられている。この考え方の根拠は以下の通りである。

　発話ははじめから言葉で表されるものであり、それをそのまま伝えるのが直接話法である。それゆえ、直接話法が基本的であると考えることができる。他方、間接話法は元の発話の内容を語り手が言い換えている。

　それに対して、思考は言葉として発話されるわけではない。過去の自分の思考ならともかく、他人の思考は知りえない。「全知の語り手」あるいは少なくとも「語り手」だからこそ知りえるのである。そして、他人の思考を知りえたとしても、そもそも、思考ははじめから言葉でなされているわけではない。そこで、リーチ・ショート (2003: 265) は、直接思考を、「もし登場人物が自分の考えを明示するとすれば、このように言ったであろう」という形だとした。そして、思考の内容だけを伝える間接思考の方が基本的であるとした。

　もっとも、間接思考で表された思考内容もそもそも言葉でなされたものではなかったとしたら、言語以前の思考を語り手が文として説明しているということになる。すると、間接思考は思考行為の語り手による伝達と区別できない (Fludernik 1993: 311; 2005: 561)。

　このような思考と発話の違いに基づいて、思考の伝え方のみの分類が提案されている。例えば、Cohn (1978) は、思考の伝え方を 3 分類した。

(51)　・psycho-narration (NRTA に対応)
　　　 ・quoted monologue (DT および FDT に対応)
　　　 ・narrated monologue (FIT に対応)

また、Palmer（2004: 55; 2005: 603）も同様の 3 分類をしている。

（52）　・thought report（NRTA と IT に対応）
　　　　・free indirect thought（FIT に対応）
　　　　・direct thought（DT および FDT に対応）

　さて、直接思考を我々が読む際に、それを「もし登場人物が自分の考えを明示するとすれば、このように言ったであろう」という仮定的なものとして理解しているだろうか。むしろ、これらの表現によって、思考が直接表されているように読んでいることが多いのではないだろうか。
　これには、思考を言語に見立てるメタファーが関与していると考えられる。これは、Lakoff and Johnson（1999: 244–245）や Johnson（2007: 202–203; 2008: 49–50）が「言語としての思考メタファー」（Thought As Language metaphor）と呼ぶものである。このメタファーにより、思考することは発話することに見立てられる。例えば、英語で say to oneself（自分に言う）は、思うことを意味するが、これは思考を自分への発話に見立てることに基づいている。同様のことは、フランス語 se dire やドイツ語 sich sagen についても言える。さらに、このメタファーにおいては、思考は言語によって表現可能である。以上より、発話を伝えるさまざまな話法が思考を伝えるのに転用される [10]。伝統的には、発話の伝え方の分類が思考の伝え方の分類に問題なく適用できるという前提（Palmer（2004: 13）のいう speech category approach）があったわけだが、これ自体が「言語としての思考メフタファー」に基づくものと言えるであろう。
　ここで、発話と思考が截然と区別できるかという疑問を提起しておく。この区別は、直接話法が発話された言葉をそのまま伝えるものであるのに対して、直接思考は言語化以前の思考を言語化しているという前提に依拠している。このような前提は確かに小説においては一見成り立っているように見える。そこでは、通常、直接話法は元の発話を再現しているというよりも、元の発話そのものを提示しているに等しい。しかし、ノンフィクションや日常会話においては、直接話法は元の発話を忠実に再現しているどころか、それ

を言い換えたり、新たに作り出したりしている (Tannen 1989: 98–133; Clark and Gerrig 1990: 795–800, Fludernik 1993: 409–414; 鎌田 2000: 51–84; 藤田 2000: 146–178)[11]。このような直接話法は、言語化以前の思考を言語化する直接思考と、根本的には異ならないのではないだろうか。

なお、以下では、「〜話法」と「〜思考」は区別せずに、合わせて単に「〜話法」と呼ぶ。また、区別が必要な場合には、「発話の〜話法」ないし「思考の〜話法」とする。

3.2 自由間接話法

自由直接話法は直接話法と異なり伝達節を欠いているが、それ以外には直接話法と基本的には異ならない。いずれの話法も、被伝達節は主節の形態をとり、従属節に見られるような制約がない。また、人称や時制などの直示的な表現は発話者や思考者の立場から選択されているので、語りとは区別される。例えば、次を見られたい。

(53) High atop the steps of the Great Pyramid of Giza a young woman laughed and called down him. "Robert, hurry up! I knew I should have married a younger man!" Her smile was magic.

He struggled to keep up, but his legs felt like stone. "Wait," he begged. "Please . . ."

As he climbed, his vision began to blur. There was a thundering in his ear. *I must reach her!*   (Brown, *Angels & Demons*)

ギザの大ピラミッドの石段の頂上で、若い女が笑って、下にいる彼を呼んだ。「ロバート、急いで！　やっぱりもっと若い男と結婚するべきだったわ」彼女の微笑みは魔法だった。

彼はついていこうと頑張ったが、両脚が石のように感じられた。「待ってくれ」彼は懇願した「お願いだ……」

登るにつれて、視界がかすみはじめた。耳の中で雷が鳴った。<u>彼女のところまで行かないと！</u>

ここでは、下線部が思考の自由直接話法になっている。そのことを示すために イタリック体が使われているのだが、三人称過去形の語りの中にいきなり 一人称現在形が出てくることからも思考の自由直接話法であることが分かる。この小説では、頻繁に思考の自由直接話法が出てくるが、多くの場合、語りとの区別は明瞭である。イタリック体になっているので分かりやすいが、直示の中心が登場人物にあることも大きく寄与している。

　それに比べると、自由間接話法は間接話法とは大きく異なる。すでに見たように、間接話法の被伝達節には、さまざまな制約が見られる。それに対して、自由間接話法には、そのような制約が見られない。また、間接話法の被伝達節は、従属節としての形式を持っているため、語りとははっきり区別されている。しかし、自由間接話法では、伝達内容が主節であり、しかも、人称や時制が語り手の立場から選択されているために、語りと連続している。

　もっとも、既に述べたとおり、自由間接話法では、登場人物の立場から「今」や「ここ」のような時や場所の表現が選択される場合もある。このような場合には、自由間接話法と語りで相違が生ずるので、そこで両者の相違が明確になると思われるかもしれない。しかし、実際には、語りの中にも物語世界に直示の中心を置いた表現が出てくる（Fludernik 1993: 334–335, 阿部 2014, 2015）。また、語りの中に登場人物の言語が入ってくることも指摘されている（McHale 1978: 260–261; シュタンツェル 1989: 194–196; Fludernik 1993: 332–338）。そうすると、自由間接話法と語りの境界は不分明となり、やはり連続しているということになる。

　以上をまとめると、次のような表になる。

表1　自由間接話法の位置づけ

人称・時制の選択	登場人物の立場	語り手の立場	
発話・思考の内容	主節		従属節
伝達節など有り	直接話法		間接話法
伝達節など無し	自由直接話法	自由間接話法	
		語り	

22　平塚　徹

　まず、自由間接話法と間接話法の関係が、自由直接話法と直接話法の関係
と平行的ではないことを確認されたい。また、自由間接話法が語りと連続し
ていることも重要である。端的に言えば、自由間接話法は、自由直接話法の
人称と時制を語り手の立場から選択したものにかえた話法であり、登場人物
の発話や思考を語りの中に断絶なく取り込むものである。

　なお、ロシア語で自由間接話法に相当する擬似直接話法（несобственно-
прямая речь）においては、人称は語り手の立場から選択されるが、時制は登
場人物の立場から選択される。他方、ロシア語では間接話法の時制も登場人
物の立場で選択される。そうすると、時制については、擬似直接話法は間接
話法に準じているという考え方も一見成り立ちそうではある。しかし、すで
に述べたとおり、ロシア語は大過去や過去未来を表す時制形式が存在しない
ので、発話や思考を引用する場合には時制については直示の中心を発話や思
考の時点に移動せざるをえないのである。よって、擬似直接話法の時制が間
接話法に準じているというよりも、そもそも直接話法に準じていると考える
のが適切であろう。自由間接話法においては、時や場所の直示表現が直接話
法に準ずることがあるが、ロシア語の擬似直接話法の時制においては、時制
組織の特性から、直接話法にシステマティックに準ずるようになっているの
である[12]。

4　話法の連続性

　前節では、それぞれの話法を明確に区別できるものとして扱ってきた。し
かし、本節では、それぞれの話法の実際の現れ方はむしろ連続的であること
を見る。4.1 では、伝達節の有無が截然としたものではないことを見る。4.2
では、ドイツ語の伝達節を欠く間接話法が、英語やフランス語の自由間接話
法に対応する場合があることを見る。4.3 では、自由間接話法や（自由）直接
話法において見られる現象が間接話法にも見られる場合があることを見る。

4.1　伝達節
　ここまで、伝達節については、特に問題になるものとしては取り上げてこ

なかった。しかし、伝達節があるかないかという二分法は、必ずしも単純に成り立っているわけではない。

　例えば、直接話法においては、これまで、まず伝達節があって、その後に被伝達節が続くという形式だけを考えてきたが、現実には、伝達節は被伝達節の途中にも、後にも現れる。

(54)　She asked, 'Do you love me, Charles?'　　　　　　　(Wales 1994: 4298)
　　　彼女は、「私のことを愛している、チャールズ？」と尋ねた。

(55)　'Do you love me, Charles?' she asked.　　　　　　　　　　　　(ibid.)

(56)　'Do you,' she asked, 'love me, Charles?'　　　　　　　　　　　(ibid.)

(57)　'Do you love me,' she asked, 'Charles?'　　　　　　　　　　　(ibid.)

伝達節がなければ、自由直接話法になる。

(58)　'Do you love me, Charles?'　　　　　　　　　　　　　　　　(ibid.)

伝達節の有無を基準とすれば、一見、直接話法と自由直接話法の区別は明瞭だと思われるかもしれない。しかし、伝達節が被伝達節の途中や後に現れる場合は、伝達節が従属的になるとともに、被伝達節の独立性が高まり、自由直接話法に近くなる。この場合、伝達節で倒置することがあることも、伝達節が従属的であることを示していると思われる[13]。

　また、次ように伝達節が被伝達節から離れて出てくるような場合を考えると、伝達節の有無は必ずしも単純には割り切れない。

(59)　'Do you love me, Charles?' She was five hundred miles away in Los
　　　Angeles when she asked him.　　　　　　　　　　　　　　(ibid.)
　　　「私のことを愛している、チャールズ？」彼に尋ねた時、彼女は五百マイル
　　　離れたロサンジェルスにいた。

　伝達節が後置されている場合では、次のような例も問題になる。

24　平塚　徹

（60）　Would the doctor like a drink, she asked.　　　　（Wales 1994: 4297）
　　　先生はお飲み物はいかがですか、彼女は尋ねた。

（61）　Could he accompany her home, he asked.　　　　（Toolan 2006: 703）
　　　家まで送っていってもいいか、彼は尋ねた。

　ここでは、人称や時制が語り手の立場から選択されている一方、伝達節が
存在しているので、間接話法であると思われるかもしれない。実際、Wales
（1994: 4297, 4299）は、このような場合を間接話法として扱っている。しか
し、Toolan（2006: 703, 704–705）は、このような場合は、被伝達節が登場人
物の言葉を表現したものとして理解されてから伝達節が出てくるので、自由
間接話法として扱う根拠があるとしている。それに加えて、通常の間接話法
の被伝達節が従属節であるのに対して、伝達節が後置される場合には被伝達
節が主節になっていることを見れば、自由間接話法に近いと言える。しかし
ながら、通常の自由間接話法が伝達節を欠いて語りと連続しているのに比べ
ると、問題のケースでは伝達節でその曖昧性が解消されている点も無視でき
ない。間接話法と自由間接話法を断絶したものと考えるのではなく、伝達節
が挿入節として現れる場合を中間例として連続していると考えるのが妥当で
あろう。

4.2　ドイツ語の伝達節を欠く間接話法と自由間接話法

　間接話法の現れ方は多様であり、そのため、実際の使用においては、自由
間接話法に近づく場合もある。
　間接話法には構造的な制約がある。それは、複数の文からなるテキストを
引用することが難しいことである。複数の文を等位接続した重文を従属節に
するには、それぞれの文毎に従属接続詞を反復し、それを等位接続して次の
ような構造にしなければならない。

（62）　He said that S_1, that S_2, and that S_3.

　その他の話法、すなわち、直接話法、自由直接話法、自由間接話法において

は、伝達内容が主節の形式を取るので、容易に文を連ねていくことができる。しかし、間接話法は伝達内容を従属節として取り込むために、構造上の制約が生じるのである。

　ところが、既に見たようにドイツ語においては、伝達節がなくても接続法を用いることにより被伝達節であることを標示できるので、主節を連ねながら引用であることを示せるのである。前に引用した三瓶（2004: 99）が挙げている例を再掲する。

(63)　₁Er erzählte ihnen, daß er ihren Rektor, den Oberstudiendirektor Prof. Dr. Grünkern, gut kenne. ₂Und wie es ihm gehe. ₃Und hier oben sei nicht viel zu sehen. ₄Denn der Himmel sei ja unsichtbar. ₅Und fotografieren dürften sie auch nicht.　　　　　　（Kästner, *Das fliegende Klassenzimmer*）
　　　₁彼は、校長のグリューンケルン博士をよく知っていると彼らに言った。₂そして、彼は元気かと［言った］。₃そして、ここには見るべきものはあまりないと［言った］。₄というのは、天国は目に見えないのだからと［言った］。₅そして、彼らは写真も撮ってはいけないと［言った］。

既に説明したとおり、下線部１は、伝達節と従属接続詞と被伝達節からなる典型的な間接話法であるが、下線部２〜５は、伝達節の無い被伝達節が主節として並んでいる。これらが被伝達節であることは、接続法によって示されている。

　法により被伝達節であることを示すことができない言語ではこのような場合どのようにするのであろうか。英訳でこの一節がどのように訳されているか見てみる。

(64)　₁He told them that their headmaster, Dr. Grünkern, was an old friend of his, ₂and asked how he was. ₃There wasn't much for them to see up here, he said, ₄because heaven was invisible. ₅And they couldn't take photographs either.　　　　　　（Kästner, *The Flying Classroom*）

26 平塚 徹

下線部1は、典型的な間接話法なので、そのまま訳されている。下線部2は、もともと間接疑問文なので、伝達動詞 asked を追加して、通常の間接話法に直している。下線部3は伝達節を挿入節として付加し、下線部4は下線部3の従属節としてそのまま続けられている。そして、下線部5に至って、伝達節がなくなり、自由間接話法になっている。このように、間接話法の伝達内容を継続するのは、自由間接話法が出てくる場合のひとつである（Bally 1912: 553; Wales 1994: 4298）。つまり、ドイツ語の伝達節を欠く間接話法は、英語やフランス語の自由間接話法に対応する場合があるのである（Fludernik 1993: 149）[14]。

4.3　間接話法の変異形

　2.1で見たとおり、Banfield は、直接話法や自由間接話法では見られるのに、間接話法においては見られないさまざまな現象があるとした。しかし、それらの現象が完全に間接話法から排除されているわけではない。

　例えば、McHale（1978: 254–255）は、Banfiled（1982: 28–34）が間接話法から排除されるとした疑問文の倒置・感嘆詞・感嘆文・反復・ためらい・不完全な文・方言・外国語が間接話法に現れている例を、アメリカの作家ドス・パソスの作品から挙げている。

　間接話法に疑問文の倒置が現れる例としては、McHale は、以下のものを引用している。

(65)　[...] they heard people asking each other who could that charming scintillating brilliant young couple be, somebody interesting surely [...]

　　　　　　　　　　（Dos Passos, *42nd Parallel*, in McHale 1978: 254）

　　　あの魅力的できらめき輝く若い二人連れは一体誰だろう、きっと興味深い人たちだろうと、人々がお互いに尋ね合っているのを彼らは聞いた。

(66)　Mr. Smith asked Eleanor wouldn't she eat lunch with them as she was mentioned in the will [...]

　　　　　　　　　　（Dos Passos, *42nd Parallel*, in McHale 1978: 254）

　　　スミス氏はエリノアに、ご一緒に昼食を食べませんか、あなたのことは遺

言に書いてありますからと、尋ねた。

Toolan（2006: 703）は、このような語法は非標準的ないし方言と判断されるとしているが[15]、特定の変種に限られたものではない。Jespersen（1924: 298）はディケンズの例を引用しているし、Fludernik（2005: 152–153）も実例を幾つか挙げている。また、変形文法の入門書である Radford（1988: 299）も、このような構文に言及している[16]。

　McHale（1978: 255）は、ためらいについて、以下のような例を挙げている。

(67)　Mr. Barrow said without enthusiasm, er, he'd go.

（Dos Passos, *1919*, in McHale 1978: 255）

　バロウ氏は、気がなさそうに、えーと、行きますと言った。

これも、ドス・パソスに限らない。例えば、イギリスの作家ミルンにも見られる。

(68)　The Squire said that he- er- hadn't- er- intended- er- to say anything …

（Milne, *A Village Celebration*, in Wales 1994: 4297）

　だんな様は、私は、えーと、何かを、えーと、言うつもりでは、えーと、なかったのですと言った。

　間接話法における反復や方言についても、ドス・パソスに限られたことではない。例えば、Clark and Gerrig（1990: 791）は、間接話法においてどもりが再現されている例をコンラッドから、コクニー（ロンドンなまり）の発音・語彙・文法が再現されている例をディケンズから引用している。Fludernik（1993: 227–279）も、Banfield が間接話法では現れないとした現象の実例を多く挙げている。

　McHale は、このような間接話法が観察されることを踏まえて、indirect content paraphrase と indirect discourse mimetic to some degree を区別している。indirect content paraphrase は、本来の発話の文体や形式を考慮すること

なく、その内容を引用者の立場から言い換えているものであり、典型的な間接話法に対応する。それに対して、indirect discourse mimetic to some degree は、単に発話の内容を報告するにとどまらず、その文体や形式も再現するものである。さらに、Page (1988: 36–37) は、発音も含めた発話の多くの特徴を保持する 'coloured' indirect speech と語彙的な特異性に忠実な 'parallel' indirect speech を区別している。このような間接話法は、直接話法に近づいていると言える。

　発話の形式を再現するような間接話法の例を、フランスの作家トゥーサンから見てみる。次の例では、下線部の間接話法の最後に、確認するための疑問を付け加えている。これは、英訳でも再現されている。

(69)　【フランス語原文】

　　Puis, s'irritant un peu à mesure que, fataliste, Monsieur se bornait à répéter qu'à son avis c'était devenu insoluble, elle conclut, agacée, <u>qu'il pouvait quand même se débrouiller tout seul, non ?</u>　　　　　　(Toussaint, *Monsieur*)

　　【英訳】

　　Then, becoming somewhat irritated with Monsieur, who fatalistically stuck to repeating that in his opinion it had become insoluble, she concluded, at her wits' end, <u>that he could get along quite well on his own, no?</u>

　　　　　　　　　　　　　　　　　　　　(Toussaint, *Monsieur: A Novel*)

　　それから、ムッシューが、諦めきって、自分が思うにはそれはもうどうしようもないんだと繰り返すばかりなので、彼女は少し腹が立ってきて、<u>それにしても自分一人でなんとかできるでしょ、違う？</u>　といらだちながら話を切った。

また、次の例では、間接話法の被伝達節の中に相手に確認を求める下線部の挿入句が割り込んでいる。これも英訳で再現されている。

(70)　【フランス語原文】

　　Comme, de nouveau, il semblait attendre une réponse, Monsieur finit par lui demander si, dans la perspective d'une publication à Stuttgart, c'était bien Stuttgart n'est-ce pas, il ne serait pas plus judicieux de songer à écrire le livre en allemand.　　　　　　　　　　　　　（Toussaint, *Monsieur*）

【英訳】

As, again, he seemed to be waiting for an answer, Monsieur finally asked him if, as he planned to have the book published in Stuttgart, it was Stuttgart was it not it would not be more judicious to think of writing it in German.　　　　　　　　　　（Toussaint, *Monsieur: A Novel*）

彼がまた返事を待っているようなので、ムッシューは結局質問した。シュツットガルトで出版するつもりなら、シュツットガルトでしたよね、本はドイツ語で書くことを考えた方が賢明ではないですか。

　その他にも、間接話法において、呼びかけが出てくる例や、途中で前言を訂正していく例もある[17]。これらの例も、間接話法に直接話法が混入していると考えられる。

　2.3 で述べたとおり、場所の副詞句は、間接話法では語り手の立場から選択されるが（(33)参照）、自由間接話法では登場人物の立場から選択されることがしばしばある（(34)参照）。しかし、間接話法においても、場所の副詞句が登場人物の立場から選択されている例がある。

(71)　【ラングドンは目をさましたが、どこにいるのか分からなかった。】
　　　Langdon tried to remember how he had gotten here . . . and where *here* was.　　　　　　　　　　　　　（Brown, *Angels & Demons*）
　　　ラングドンはここにどうやって来たのか……そして「ここ」はどこなのかを思い出そうとした。

下線部の here はラングドンの立場から選択されていている[18]。

　以上のように、間接話法と言っても、実際には直接話法や自由間接話法に近づくことがあり、その境界は曖昧であると考えられる。

5 自由間接話法の幾つかの問題

　本節では、自由間接話法の幾つかの問題について見る。5.1 では、自由間接話法において元々の発話がまとめられている場合について見る。5.2 では二声仮説と語り手不在説について見る。5.3 では、知覚の自由間接話法を取り上げ、映画やマンガと共通するメカニズムが働いていることを見る。5.4 では、フランス語で特に問題にされることが多い、自由間接話法の時制について見る。

5.1 まとめられた自由間接話法

　阿部 (2015: 343–345) は、自由間接話法においては「複数の声の統合」が起きることがあると指摘している。

(72)　Et ils (= Frédéric et Deslauriers) résumèrent leur vie. / *Ils l'avaient manquée tous les deux, celui qui avait rêvé l'amour, celui qui avait rêvé le pouvoir. Quelle en était la raison ?*　(Flaubert, *L'Éducation sentimentale*, in 阿部 2015: 343)

　　　ふたりは自分らの半生をふりかえってみた。／恋を夢見た者も、権力を夢見た者も、どちらも人生の失敗者となってしまった。どういうわけだろう？

　　　　　　　　　　　　　　　　　　　　（フローベール『感情教育』in 阿部 2015: 343)

イタリックの部分は、先行文脈により、実際に発話された言葉を表現する自由間接話法であると考えられる。しかし、阿部はこの部分を ils disent que ... (= they said that ...) 型の間接話法に変換できないとする。なぜなら、そのようにすると、「二人があたかも合唱のように声をそろえて当該の台詞を述べた」という奇妙なことになるからだとしている。そこで、阿部は、その場にひそかに同席している無名の擬似主体が二人の会話を聞いて、そのポイントを簡潔にまとめたという議論を展開する。

　しかし、直接話法においても、もともとの長い発話を短くまとめることがある。例えば、Ducrot (1984: 199) は、直接話法においては 2 分間の発話を 2 秒で報告することもできると述べている。

(73) En un mot, Pierre m'a dit « J'en ai assez ».　　　(Ducrot 1984: 199)

一言で言うと、ピエールは私に「俺はもううんざりだ」と言ったんだ。

Tannen (1989: 113) は要約された直接話法の実例を挙げている。

(74) 【フィリピン料理レストランで晩御飯を食べようとしていると、一緒に来ていた人たちの中の一人が店員に聞こえるように大声でレストランの悪口を言った。】

and this man is essentially saying

"We shouldn't be here

because Imelda Marcos owns this restaurant."　　　(Tannen 1989: 113)

この男の人は要するにこう言っているんです。

「こんなところにはいられない。

だって、このレストランはイメルダ・マルコスのものなんだから。」

　また、複数の人間の発話を一つの発話にまとめてしまうこともある。次もTannen (1989: 113) の挙げている例である。

(75) 【アテネの空港でギリシア人女性が列に割り込もうとした。列に並んで何時間も待っていたアメリカ人たちは、彼女の行動を非難し、彼女の言い訳も聞かなかった。しかし、最後にギリシア人女性は小さな子供たちを連れていると言った】

And then all the Americans said

"Oh in that case, go ahead."　　　(Tannen 1989: 113)

それでアメリカ人たちはみんな言ったんですよ。

「だったら、お先にどうぞ」って。

Fludernik (1993: 411–412) も同様の例を挙げている。

　このように、直接話法においても、長い発話が要約されたり、複数の人間の発話がひとつにまとめられたりすることがある。同じことが自由間接話法

において起きてもおかしくない（実際、Fludernik (1993: 407–408)は自由間接話法において複数の人間の発話がひとつにまとめられている例を挙げている）。(72)において二人の登場人物の発話が簡潔にまとめられているのも、そのような現象の一例であると考えられる。

　直接話法であれ、自由間接話法であれ、発話を要約したり、複数の人間の発話を統合したりするのは、引用者である。小説の場合ならば、語り手がそれに相当するであろう。ただし、「語り手」とは物語を語る主体であるが、実在の「作者」とは一致しない。阿部は(72)において二人の登場人物の発話を簡潔にまとめた者として擬似主体を仮定するが、そのような仮定は不要か、あるいはその「擬似主体」とは事実上語り手と同じものであろう。

5.2　二声仮説と語り手不在説

　自由間接話法においては、登場人物の声と語り手の声が同時に聞こえると言われてきた。これを「二声仮説」(dual voice hypothesis)という。自由間接話法においては、登場人物の思考を表現しながらも、人称や時制が語り手の立場から選択されていて語りと連続しているため、語り手の声とも聞こえるのである。

　自由間接話法において登場人物と語り手の声が混合しているという二声仮説は、文学作品をコミュニケーションの一種と見なす、あるいは、少なくともコミュニケーションを模倣しているという考え方を前提としていた。この考え方においては、語り手が聞き手に語っているというモデルで文学作品を捉えることになる。しかし、Banfield (1982)は、自由間接話法には語り手はいないとして、「二声仮説」を否定している。

　バンヴェニストは、「話」(discours)と「歴史」(histoire)を区別した。「話」においては、話し手が聞き手に話していて、話し手が一人称代名詞「わたし」、聞き手が二人称代名詞「あなた」、話している場が「ここ」、話している時が「いま」という直示表現で指示される。それに対して、「歴史」においては、そのような話し手が聞き手に話しているというコミュニケーションの構造が排除されている。よって、そこには、「わたし」・「あなた」・「ここ」・「いま」はない。これが典型的に現れているのは歴史叙述であるが、単

純過去(フランス語の書き言葉で用いられる完了相の過去時制)で書かれた三人称小説の語りも「歴史」である。このような語りにおいては、語り手は存在していないということになる。バンヴェニストは、「ここにはだれ一人話すものはいないのであって、出来事自身がみずから物語るかのようである」(1983: 223)とたとえている。Banfield はこの考え方にもとづいて、自由間接話法には語り手の声は存在しないとしているのである。

　Banfield は、生成文法の枠組みで、自由間接話法を文単位で分析し、語り手がいることを示す指標が現れないことを示そうとした。しかし、語り手がいることを示す指標が現れないとしても、語り手はいないと言い切れるのであろうか。実は、Banfield (1982: 141–180) は、一人称の物語については、語り手が聞き手に語りかけているというコミュニケーションの枠組みに則ったskaz(スカース)という物語以外に、語り手は語っているが、誰にも語りかけていない物語も認めている。このような物語においては、語り手が聞き手に語りかけていることを示す指標は現れない。しかし、一人称が現れるので語り手は存在しているのである。そうすると、三人称の物語においては、語り手がいることを示す指標が現れない場合、語り手が聞き手に語りかけているわけではないとは言えても、語り手が存在しないとまでは言い切れないのではないだろうか。そもそも、語り手は実在の作者とは異なり、物語を語る主体としてテキストからその存在が措定される仮構である。そのため、テキストの中にその存在を示す指標が現れなければ、その有無が問題になりうるのである。しかし、形式的な指標が存在しなくても、読者はその存在を措定しても構わないのではないだろうか。確かに、「歴史」の典型例である歴史叙述を読む人は、語り手の存在を措定することは少ないかもしれない。しかし、物語の場合には、事情がかなり異なるように思われる。誰かに語りかけているわけではないとしても、誰かが語っているものとして読んでしまうのが、一般的な読者の実態ではなかろうか。

　ここで、バンヴェニストの「歴史」から、「語りかけてこない語り手」のいる場合を分離し、「話」と「歴史」に並ぶ第三のカテゴリーとして、「物語」(récit)を設定してみよう。「物語」では、語り手はコミュニケーションをしない。よって、「あなた」と言うこともないし、語りかけてくることもない。

また、コミュニケーション行為に基づく「いま」も「ここ」もない。そして、自らを「わたし」と呼ぶことも知らない。しかし、だからと言って語り手はいないわけではない。この「語りかけてこない語り手」は、コミュニケーションはしないが、それ以外の働きは持ちうる。このように考えれば、コミュニケーション構造を持たない小説に現れる自由間接話法において、登場人物の声と同時に語り手の声を聞いてしまうこともありえることとなるだろう。

5.3 知覚の自由間接話法

　自由間接話法に、登場人物の発話や思考を伝えるものだけでなく、知覚を伝えるものも含めることがある。これは、自由間接話法に倣って、さまざまな名称で呼ばれている。英語では、free indirect perception（自由間接知覚）、represented perception（描出知覚）、narrated perception（語られた知覚）、substitutionary perception（代理知覚）、フランス語では、style indirect libre de perception（知覚の自由間接話法）、ドイツ語では、erlebter Eindruck（体験印象）、erlebte Wahrnehmung（体験知覚）といった名称がある。

　例えば、次の例の下線部は、知覚の自由間接話法に該当すると考えられる。

(76)　【瀕死のコーラーがマッチ箱ほどの大きさの装置をラングドンに差し出しながら息絶え、装置がその膝の上に落ちた。】
　　　Shocked, Langdon stared at the device. It was electronic. The words SONY RUVI were printed across the front.　　　　　(Brown, *Angels & Demons*)
　　　ショックを受けながら、ラングドンは装置を見つめた。電子機器だった。前面に「SONY RUVI」と印字されていた。

ここでは、ラングドンが装置を見つめたという文の後の下線部は、ラングドンが見たものを描写していると解釈できる。このように下線部が登場人物が見たものとして解釈されるのには、その前で、登場人物が何かを見ることを表す表現があることが契機となっている。実際、知覚の自由間接話法とされるものは、このような表現に続くことが多い。

　これは、映画における「視線つなぎ」という編集方法と似た手法である。

「視線つなぎ」においては、まず、何かを見ている人物が映し出され、次の
カットでその人物が見ているものが写し出される。登場人物の視点から撮
影されたショットは、「POV ショット」(POV は point of view の略)、「視点
ショット」、「主観ショット」、「主観カメラ」、「主観映像」などと呼ばれる。
この POV ショットは、登場人物が知覚しているものをそのまま描写してい
るという意味で、知覚の自由間接話法と類似していると言える。興味深い
のは、この POV ショットへの導入に、しばしば、何かを見ている人物の
映像が使われるということである (Arijon 1976: 591; Katz 1991: 267–275; 今
泉 2004: 277–278)。視線つなぎが映像の解釈にもたらす効果は、井上 (2006,
2007) によって実験的にも検証されている。また、この技法はマンガにも持
ち込まれている。マンガにおいては、前のコマで何かを見ている人物を描
き、次のコマでその人物が見ているものを描く。竹内 (1989, 1992: 233–239)
は、手塚治虫が物語の展開の重要な契機となるところでこの技法を用いたと
している[19]。

　映画やマンガのこれらの技法において、登場人物の見ているものの描写の
前に、その登場人物が何かを見ているところが出てくることは、知覚の自由
間接話法が登場人物が何かを見ることを表す表現の後に続くことが多いこと
に対応していると言える (三瓶 2012: 22–25)[20]。このことは、これらが共通
の基盤を持つものであることを示唆している[21]。

　知覚の自由間接話法は、おもに視覚に関するものであるが、他の感覚でも
可能である。例えば、次は聴覚の例である。

(77) 【教皇専用の図書室の中から物音が聞こえる。シャルトランはその扉
　　を開けようとしたが、鍵がかかっていて開かない。】
　　He put his ear to the door. <u>The banging was louder.</u>
　　　　　　　　　　　　　　　　　　　　(Brown, *Angels & Demons*)
　　彼は扉に耳を当てた。<u>ドンドンと叩く音が大きくなった。</u>

扉に耳を当てると音が大きくなったわけだから、下線部は彼に聞こえたもの
を描写していると言える。これも、映画で同じことができると思われる。登

場人物が扉に耳を当てるとドンドン叩く音が大きくなったら、観客はそれを登場人物に聞こえたものとして理解するであろう。

　しかし、知覚の自由間接話法は、発話や思考の自由間接話法とは異なったところもある。そもそも、知覚は直接話法では表されない（擬音語や擬態語を用いる場合を除く）。直接話法はもともと発話を提示する方法である。思考も、言語に見立てることによって、直接話法の形式で提示することが可能になる。しかし、知覚は言語に見立てられることはないか、あったとしてもまれであろう。また、思考には疑問に思うということがあり、これは疑問文という言語形式で捉えることができる。だが、知覚に疑問に対応するものは存在しない（知覚したことに疑問を感じたとしたら、それは思考である）。知覚の自由間接話法は平叙文であり、それは多くの場合、物語世界の事実に対応している。よって、語りと極めて近いものである。これを発話や思考の自由間接話法とともに扱って良いかという疑問も生ずる。だが、思考の自由間接話法を発話の自由間接話法とともに扱っている時点で、自由間接話法は拡張されているとも言える。さらに知覚の自由間接話法を加えて考察していくことは発話や思考の自由間接話法を理解していく上でも有益であろう。

5.4　自由間接話法とフランス語の単純過去

　フランス語は、時制の多い言語であり、過去時制として、複合過去・半過去・単純過去などの時制がある。複合過去は、英語の現在完了と同じく、所有動詞（あるいは繋辞）に由来する助動詞と過去分詞から作られ、本来は現在完了を表したが、過去も表すようになっている。半過去は、未完了相の過去を表す。単純過去は、書き言葉で用いられる完了相の過去時制で、しばしば現在とは切り離された過去を表すと説明されている。

　さて、フランス語においては、自由間接話法に単純過去は決して現れないと広く認められてきた。しかし、Ducrot (1980: 58) は、自由間接話法はどのような時制でも可能だとしており、単純過去の例も挙げている。もっとも、Vuillaume (1998) は、Ducrot への反論を展開し、元の発話に単純過去が含まれでもしない限りは、自由間接話法には単純過去は現れえないとしている。

　それに対して、自由間接話法においては、半過去が代表的な時制である。

そのため、時制が単純過去から半過去に移行すると、語りから自由間接話法への移行の印となりうる（Vuillaume 2000: 117）。これは、知覚の自由間接話法でも同じである（Banfiled 1981: 66; 田原 : 2013）。例えば、次のような一節があった場合、下線部1は regarda（見た）が単純過去で語りになっているが、下線部2は étaient couverts（覆われていた）と Il y avait（あった）が半過去で、ジャンが見たものとして解釈できる。

(78)　₁Jean regarda dans la chambre par la fenêtre. ₂Les murs étaient couverts de tableaux. Il y avait un lustre au plafond.
　₁ジャンは窓から部屋の中を見た。₂壁は絵に覆われていた。天井にはシャンデリアがあった。

　しかし、単純過去が登場人物の知覚したものを表していると考えることができる場合もある。以下は、フローベールの『エロディア』の一節で、ヘロデ・アンティパスがマケルス城のテラスの欄干に肘をついて景色を眺める場面である。

(79)　₁Un matin, avant le jour, le Tétrarque Hérode-Antipas vint s'y accouder, et regarda.
　₂Les montagnes, immédiatement sous lui, commençaient à découvrir leurs crêtes, pendant que leur masse, jusqu'au fond des abîmes, était encore dans l'ombre. Un brouillard flottait, ₃il se déchira, et les contours de la mer Morte apparurent. ₄L'aube, qui se levait derrière Machærous, épandait une rougeur.　　　　（Flauber, *Hérodias*, in *Trois contes/Drei Erzählungen*)
　₁ある朝、日の出前に、四分領主ヘロデ・アンティパスはそこに行き、肘をついて眺めた。
　₂すぐ下では、山々が頂を見せはじめていたが、その山体は、谷の底の方まで、まだ闇の中にあった。霧が漂っていたが、₃それが裂けて、死海の縁が現れた。₄マケルス城の背後から登る朝日が、赤みがかった色を広げていた。

下線部 1 は、動詞の vint（行った）と regarda（眺めた）が単純過去であり、語りになっている。それに対して、下線部 2 は commençaient（はじめていた）、était（あった）、flottait（漂っていた）が半過去で、アンティパスが見た景色として解釈できる。ところが、下線部 3 では、déchira（裂けた）と apparurent（現れた）が単純過去で、Banfield（1981, 1982）に従えば、語りに戻っていることになる。しかし、続く下線部 4 では、se levait（登っていた）と épandait（広げていた）が半過去になっていることも踏まえると、下線部 2 から下線部 4 まで一貫してアンティパスが見た景色と解釈する方がはるかに自然である。実際、Nølke et Olsen（2003: 78–79）は、下線部 3 を自由間接話法とは考えていないものの、アンティパスが見た景色であるとしている。Nølke et Olsen によれば、このような単純過去の主観的な用法はアンティパスという目撃者が出てきているために可能になっている。東郷（2010: 22–23）は、単純過去自体には視点を表す力はないが、下線部 3 がアンティパスの見た景色であることを認め、それを知覚動詞による談話的効果によるものとしている。Lescano（2012: 10–11）は、単純過去の apparurent（現れた）は、見えるようになったことだけを表しており、アンティパスが見たということと組み合わさって、アンティパスが下線部 3 の内容を見たと感じるとしている。このように、下線部 3 はアンティパスが見た内容として解釈されることは認めつつも、単純過去なので自由間接話法ではないという議論が多い。

　しかし、この一節のドイツ語訳においては、単純過去も半過去も、過去形として訳される。

(80)　　₁Eines Morgens, vor Anbruch des Tages, kam der Tetrarch Herodes-Antipas hierher, stützte sich auf und schaute.

　　　　₂Die Berge dicht unter ihm fingen an, ihre Gipfel zu enthüllen, während ihre Masse, bis in die Tiefen der Abgründe hinein, noch im Schatten lag. Ein Nebel schwebte, ₃er zerschliß, und die Umrisse des Toten Meeres tauchten auf. ₄Die Dämmerung, welche hinter Machärus heraufstieg, verbreitete eine Röte.

　　　　　　　　　　（Flaubert, *Hérodias*, in *Trois contes/Drei Erzählungen*）

ここでは、下線部3の動詞は、前後の下線部2や下線部4の動詞と同じ過去形である。ここでは、フランス語の原文における単純過去が表す完了相と半過去が表す未完了相の違いは時制形式では表されていない。ドイツ語においては、完了相と未完了相の違いは、動詞の語彙的意味や文脈から理解される。そして、そのような完了相と未完了相の相違に関係なく、下線部2から下線部4まで、アンティパスが見たものを表す知覚の自由間接話法として自然に理解できる。つまり、完了相は知覚の自由間接話法と両立しうるのである。

　Banfield (1981: 67) は、フランス語の単純過去と半過去の対比と同じ対比が、英語にも見られるとしている。つまり、語りには過去形が現れるが、自由間接話法には過去進行形と進行形にできない状態動詞の過去形が現れるとしている。これに従うと、次の例の下線部は、動詞 dashed が過去形なので、語りだということになる。

(81)　【ラングドンはカメルレンゴを追いかけていたが、カメルレンゴは階
　　　段の下へと消えていった。】
　　　Langdon arrived breathless at the rim overlooking the sunken room. He
　　　peered down the stairs. <u>At the bottom, lit by the golden glow of oil lamps,
　　　the camerlengo dashed across the marble chamber toward the set of glass
　　　doors that led to the room holding the famous golden box.</u>
　　　　　　　　　　　　　　　　　　　　　　　　(Brown, *Angels & Demons*)
　　　ラングドンは息を切らして下の部屋を見下ろすへりに着いた。彼は階段を
　　　じっと見下ろした。<u>下では、オイルランプの金色の光に照らされて、カメ
　　　ルレンゴが有名な黄金の箱を保管している部屋に通じる一連のガラス戸に
　　　向かって、大理石の部屋を走って横切った。</u>

しかし、これはラングドンが見たものとして自然に理解される。これも、知覚の自由間接話法であると思われる。

　ここで、(78) の後に、単純過去の文を続けてみる。

40　平塚　徹

(82)　₁Jean regarda dans la chambre par la fenêtre. ₂Les murs étaient couverts
de tableaux. Il y avait un lustre au plafond. ₃Soudain, la porte s'ouvrit et un
homme entra.
₁ジャンは窓から部屋の中を見た。₂壁は絵に覆われていた。天井にはシャ
ンデリアがあった。₃突然、ドアが開き、男が一人入ってきた。

下線部3の動詞 s'ouvrit（開いた）と entra（入った）は単純過去であるが、ジャ
ンが見たこととして解釈することができる。しかし、下線部3は、本当は出
来事を描写しているだけで、文脈からジャンの知覚内容と解釈できるだけで
あると考えることも可能であろう。しかし、その後に、さらに次のように続
けた場合はどうであろうか。

(83)　Non, ce n'était pas un homme, mais une femme déguisée en homme.
いや、それは、男ではなく、男装した女だった。

この場合、下線部3の「男が入ってきた」という叙述は、事実ではなくなる。
そうすると、この部分は、語りではなく、ジャンが見たと思ったことを述べ
ていたことになる。つまり、単純過去であっても、知覚内容を述べるのに使
用できると考えられる。
　知覚の自由間接話法は、フランス語に限らず見られるが、時制形式やアス
ペクトに関して決定的な制約はないようである。また、5.3で見たとおり、
知覚の自由間接話法が映画やマンガで見られる技法と共通の基盤を有すると
するなら、個別言語の時制形式を超えた視点で捉え直すべきではないかと思
われる。

6　まとめ

　自由間接話法は、間接話法の伝達節を削除したものでも、（自由）直接話法
と間接話法の両方の性質を併せ持つものでもない。むしろ、自由間接話法
は、簡単に言うならば、自由直接話法の人称や時制を語り手の立場から選択

しなおしたものである。それにより、登場人物の発話や思考を語りの中に断絶なく取り込むことができる。しかし、話法は截然と区別できるものではなく、自由間接話法も他の話法と連続的である。

自由間接話法の幾つかの問題についても論じ、以下のことを述べた。①まとめられた自由間接話法は、引用一般に見られる引用者によるまとめと同様のものと考えられる。②「二声仮説」と「語り手不在説」の対立は、「語りかけてこない語り手」を想定することによって、捉え直される可能性がある。③知覚の自由間接話法は映画やマンガの視線つなぎと共通の基盤を有すると考えられる。④知覚を述べるのに、フランス語の単純過去は排除されないし、英語やドイツ語にも時制形式やアスペクトに関して決定的な制約は無い。

注

1　ただし、これは普遍的ではない。世界には、直接話法しかない言語もある（Aikhenvald 2008: 415; Cristofaro 2003: 46–47, 108–109; Cristofaro 2013）。また、直接話法・間接話法とは異なる原理に基づく話法のシステムを有する言語もある（Nikitina, 2012）。

2　自由間接話法についての議論は、特に小説に現れるものに集中してきた。しかし、実際には自由間接話法は話し言葉にも現れることが指摘されている（Fludernik 1993: 83–84; 鈴木 2005: 41–42）。しかし、本稿では、自由間接話法については主に小説に現れるものを扱う。

3　実際には、思考動詞や知覚動詞の後では時制の一致が見られる場合もある（Costello 1961, Comrie 1986: 294）。

4　ロシア語には大過去を表す時制形式が存在しないために、(i) の英文に対応するロシア語は (ii) のようになる。

(i)　　Kolya arrived; Marsha had already left.

(ii)　　Kolya　　priexal;　　Maša　　uže　　uexala.　　　　　　（Comrie 1985: 68）
　　　　コーリャ 到着した マーシャ　 すでに 出発した
　　　　コーリャは到着した。マーシャはすでに出発していた。

ロシア語では、副詞 uže を用いることにより、マーシャの出発がコーリャの到着より前だったことを表している。

5　話者指示代名詞は、引用者が直示の中心で、被引用者を参照点として、その参照点と同一であるということによってターゲットとなる人物を指示している。このような指示のメカニズムは、過去未来や大過去と平行的である。過去未来や大過去においては、発話時点が直示の中心で、過去に参照点を置いて、その参照点より相対的に過去か未来であるということによってターゲットとなる時点を指示しているのである。

6　スペイン語では、命令を表す《前置詞 a ＋ 不定詞》や否定命令を表す《前置詞 sin ＋ 不定詞》のような定動詞を欠く不完全な文も、間接話法の従属接続詞の後に現れる（Rivero 1994: 551）。

7　新井（2001: 73）によると、半直接話法はдескатьやмолなど他者の引用であることを示す助詞がないと文法的には誤りとされている。

8　注 1 で述べたとおり、間接話法のない言語もある。

9　(41) には Oedipus believed という伝達節が付加されていて、自由間接話法としてよいか疑問がある(4.1 参照)。しかし、伝達節を除いても、de dicto 解釈しかないということは変わらないと考えられるので、論旨には影響ない。

10　ただし、ドイツ語の話法の歴史には、発話の話法が思考の話法に転用されたという考え方に合わない点がある。というのも、少なくとも 19 世紀までは、発話の再現には伝達節が欠如した間接話法が用いられ、思考の再現には体験話法が用いられるという使い分けがあったからである（鈴木 2005: 26）。

11　直接話法が元の発話を忠実に再現していなくても、やはり、話法の中で最も基本的なものであると考えられる。なぜなら、注 1 で述べた通り、間接話法を欠き、直接話法しか有しない言語が存在するからである。

12　ただし、Fludernik（1993: 100–101）は『アンナ・カレーニナ』のような小説では、時制を転換した自由間接話法が見られることを指摘している。

13　ただし、Toolan（2006: 699）によれば、倒置された挿入節は被伝達節の前でも可能である。

14　ドイツ語の伝達節を欠く間接話法と自由間接話法（体験話法）の違いについては、鈴木（2005: 26–31）を参照されたい。これについては、三瓶氏からご教示いただいた。

15　例えば、ウェールズ英語では、特に南（西）部において、ウェールズ語の影響でこのような語法が見られる（Bliss 1984: 148; Penhallurick 2004: 104–105）。

16　フランス語でも、本来は直接疑問文に限られる est-ce que、est-ce qui、主語人称代名詞の倒置が、規範的でないとはされながらも、間接疑問文に出てくる例がある（Grevisse 1986: 682, 684）。

17　間接話法においては、通常、呼びかけは現れない。

(i)　　The private answered, 'Sir, I cannot carry out these orders.'　　（Banfield 1982: 33）

「上官殿、その命令は遂行できません」と兵卒は答えた。

(ii)　The private answered that (*sir) he couldn't carry out these orders.　　　(ibid.)

しかし、Toolan (2006: 699) は、現代の英語では間接話法の変異形があって確固とした文法性判断は難しくなっていると述べている。

次の例では、下線文の間接話法に呼びかけが現れている。

(iv)　Ce n'était donc pas par des mots que j'étais parvenu à lui communiquer ce sentiment de beauté de la vie et d'adéquation au monde qu'elle ressentait si intensément en ma présence, non plus par mes regards ou par mes actes, mais par l'élégance de ce simple geste de la main qui s'était lentement dirigée vers elle avec une telle délicatesse métaphorique qu'elle s'était sentie soudain étroitement en accord avec le monde jusqu'à me dire quelques heures plus tard, avec la même audace, la même spontanéité naïve et culottée, _que la vie était belle, mon amour_.　　　(Toussaint, _Faire l'amour_)

それゆえ、私の前で彼女がそれほど強く感じる人生の美しさや世界への適合の感覚を、私は彼女に言葉によって伝えたのではなく、眼差しや行動で伝えたのでもなく、彼女へとゆっくりと向かっていった手のあの単純なしぐさの優雅さによって伝えたのだ。それは、あまりに隠喩に満ちた繊細さを持っていたため、彼女は突然世界とぴったりと一致したと感じて、数時間後には、同じ大胆さ、同じ無邪気で厚かましい率直さで、私に、人生って美しいわ、あなた、と言った。

被伝達節の動詞は時制の一致をして半過去になっているので、そこまでは間接話法であるが、mon amour という呼びかけは「彼女」の「ぼく」への一人称の所有形容詞を伴った呼びかけであり、直接話法のようになっている。

次の例では、間接話法の途中で前言を修正している。

(iv)　« [...] Est-ce que vous connaissez Rocamadour ? » me demanda-t-il soudain, je commençais à m'endormir un peu, je lui répondis _que non, je ne croyais pas, enfin peut-être que si, à la télévision_.　　　(Houellebecq, _Soumission_)

「[…] ロカマドゥールはご存知ですか」と突然彼は私に聞いた。私は少し眠りかけていた。私は彼に、いいや、知らないと思う、と言うか、多分、テレビで見たことはあると答えた。

je ne croyais pas（そう思わない）までは動詞も半過去になっていて、間接話法になっているが、enfin（と言うか）から前言を修正していっており、実際の発話を再現するかのようになっている。

18　なお、「ここはどこか」は通常 Where is here ? とは言わないので、where _here_ was という言い方はありえないのではないかと思われるかもしれない。しかし、この _here_ は、イタリックになっていることからも分かる通り、前文の here を受けたものであり、そのため

に、where *here* was という表現が可能になっていると思われる。

19　この主張に続くその後の議論の展開については、三輪 (2014) の第3章を参照されたい。

20　視線つなぎの効果を実験的に検証した井上 (2006: 89) も、「「男は見上げた」・「空には白い雲が浮かんでいた」と書けば、2つの文からは「男が白い雲を見た」という解釈が成立するのではなかろうか」と、まさしく知覚の自由間接話法の例を挙げ、視線つなぎについての研究結果が文章表現の研究にも展開される可能性を示唆している。

21　なお、映画の POV ショットについては、その視点の主体が必ずしも感情移入の対象とはならないことが指摘されている。むしろ、POV ショットに写っている人物が感情移入の対象であることもある (三輪 2014:148–149)。アメリカ映画『ホーム・アローン』(*Home Alone*) から例を挙げる。自分のせいで家族全員が消えてしまったのではないかと思い悩む主人公の少年が、教会に来てベンチに座ると、少し離れた席に座っている殺人鬼だと噂の老人と目が逢う。すると、老人が立ち上がる。ここで、少年に近づいていく老人の視点からのショットが入る。しかし、この POV ショットで、観客が老人に感情移入するとは思えない。むしろ、そこに映っている怯える少年に感情移入するであろう。映像は、この点で、言語とは異なっている可能性がある。

参考文献

Aikhenvald, Alexandra Y. (2008) Semi-Direct Speech: Manambu and Beyond. *Language Sciences* 30: 383–422. Elsevier.

Arijon, Daniel. (1976) *Grammar of the Film Language*, Los Angeles: Silman-James Press.［ダニエル・アリホン (1980)『映画の文法：実作品にみる撮影と編集の技法』紀伊國屋書店］

Bally, Charles. (1912) Le style indirect libre en français moderne. *Germanisch-Romanische Monatsschrift* 4: 549–556, 597–606. Carl Winter.

Banfield, Ann. (1981) Reflective and Non-Reflective Consciousness in the Language of Fiction. *Poetics Today* 2(2): 61–76. Duke University Press.

Banfield, Ann. (1982) *Unspeakable Sentences: Narration and Representation in the Language of Fiction*. Boston: Routledge & Kegan Paul.

Bliss, Alan J. (1984) English in the South of Ireland, Peter Trudgill. (ed) *Language in the British Isles*, pp. 135–151. Cambridge: Cambridge University Press.

Clark, Herbert H. and Richard J. Gerrig. (1990) Quotations as Demonstrations. *Language* 66(4): 764–805. Linguistic Society of America.

Clements, George N. (1975) The Logophoric Pronoun in Ewe: Its Role in Discourse, *Journal of West African Languages* (2): 141–177. West African Linguistic Society.

Cohn, Dorrit. (1978) *Transparent Minds: Narrative Modes for Presenting Consciousness in Fiction*.

Princeton: Princeton University Press.

Comrie, Bernard. (1985) *Tense*. Cambridge: Cambridge University Press.

Comrie, Bernard. (1986) Tense in Indirect Speech. *Folia Linguistica* 20(3–4): 265–296. Mouton.

Costello, Desmond Patrick. (1961) Tenses in Indirect Speech in Russian. *The Slavonic and East European Review* 39(93): 489–496. Modern Humanities Research Association and University College London.

Cristofaro, Sonia. (2003) *Subordination*. Oxford: Oxford University Press.

Cristofaro, Sonia. (2013) Utterance Complement Clauses. Matthew S. Dryer & Martin Haspelmath. (eds) *The World Atlas of Language Structures Online*. Leipzig: Max Planck Institute for Evolutionary Anthropology. (Available online at http://wals.info/chapter/128, Accessed on 2016-01-30.)

Ducrot, Oswald. (1980) Analyses pragmatiques. *Communications* 32: 11–60. Seuil.

Ducrot, Oswald. (1984) *Le dire et le dit*. Paris: Minuit.

Fludernik, Monika. (1993) *The Fictions of Language and the Languages of Fiction: The Linguistic Representation of Speech and Consciousness*. London: Routledge.

Fludernik, Monika. (2005) Speech Representation. David Herman, Manfred Jahn and Marie-Laure Ryan. (eds) *Routledge Encyclopedia of Narrative Theory*, pp. 558–563. London and New York: Routledge.

Grevisse, Maurice. (1986) *Le bon usage : grammaire française*. Paris: Duculot.

Hagège, Claude. (1974) Les pronoms logophoriques. *Bulletin de la Société de linguistique de Paris* 69(1): 287–310. Klincksieck.

Jespersen, Otto. (1924) *The Philosphy of Grammar*. Chicago: University of Chicago Press.

Johnson, Mark. (2007) The Meaning of the Body: Aesthetics of Human Understanding. Chicago: University of Chicago Press.

Johnson, Mark. (2008) Philosophy's Debt to Metaphor. Raymond W. Gibbs, Jr. (ed.) *The Cambridge Handbook of Metaphor and Thought*. pp. 39–52. Cambridge: Cambridge University Press.

Katz, Steven, D. (1991) *Film Directing Shot by Shot: Visualizing from Concept to Screen*. Studio City: Michael Wiese Productions in conjunction with Focal Press. ［スティーブン・D・キャッツ (1996)『映画監督術：shot by shot』フィルムアート社］

Lakoff, George and Mark Johnson. (1999) *Philosophy in the Flesh: The Embodied Mind and Its Challenge to Western Thought*. New York: Basic Books. ［ジョージ・レイコフ，マーク・ジョンソン (2004)『肉中の哲学：肉体を具有したマインドが西洋の思考に挑戦する』哲学書房］

Lescano, Alfredo. (2012) Le passé simple n'est jamais subjectif. *Travaux neuchâtelois de linguistique* 56: 61–76. Institut des sciences du langage et de la communication, Université de Neuchâtel.

McHale, Brian. (1978) Free Indirect Discourse: A Survey of Recent Accounts. *A Journal for Descriptive Poetics and Theory of Literature* 3: 249–287. North-Holland Publishing Company.

McHale, Brian. (2005) Dual-Voice Hypothesis. David Herman, Manfred Jahn and Marie-Laure Ryan. (eds) *Routledge Encyclopedia of Narrative Theory*. p. 127. London and New York: Routledge.

Nikitina, Tatiana. (2012) Logophoric Discourse and First Person Reporting in Wan (West Africa). *Anthropological Linguistics* 54: 280–301. Trustees of Indiana University.

Nølke, Henning et Michel Olsen. (2003) Le passé simple subjective. *Langue française* 138: 75–85. Larousse.

Page, Norman. (1988) *Speech in the English Novel*. Second Edition. Atlantic Highlands: Humanities Press International.

Palmer, Alan. (2004) *Fictional Minds*. Lincoln: University of Nebraska Press.

Palmer, Alan. (2005) Thought and Consciousness Representation (Literature). David Herman, Manfred Jahn and Marie-Laure Ryan. (eds) *Routledge Encyclopedia of Narrative Theory*, pp.602–607. London and New York: Routledge.

Pascal, Roy. (1977) *The Dual Voice: Free Indirect Speech and its Functioning in the Nineteenth-Century European Novel*. Manchester: Manchester University Press.

Penhallurick, Robert. (2004) Welsh English: Morphology and Syntax. Bernd Kortmann, Kate Burridge, Rajend Mesthrie, Edgar W. Schneider and Clive Upton (eds) *A handbook of varieties of English*, vol. 2: *Morphology and Syntax*, pp. 102–113. Berlin and New York: Mouton de Gruyter.

Radford, Andrew. (1988) *Transformational Grammar: A First Course*. Cambridge: Cambridge University Press.

Reinhart, Tanya. (1983) Point of View in Language: The Use of Parentheticals. Gisa Rauh. (ed) *Essays on Deixis*, pp.169–194. Tübingen: Günter Narr.

Rivero, María-Luisa. (1994) On Indirect Questions, Commands, and Spanish Quotative Que. *Linguistic Inquiry* 25(3): 547–554. MIT Press.

Smyth, Herbert Weir. (1956) *Greek Grammar*. Cambridge: Harvard University Press.

Tannen, Deborah. (1989) *Talking Voice: Repetition, Dialogue, and Imagery in Conversational Discourse*. Cambridge: Cambridge University Press.

Toolan, Michael. (2006) Speech and Thought, Representation of. Keith Brown. (ed) *Encyclopedia of Language & Linguistics*. Second Edition. Vol. 11, pp. 698–710. Amsterdam: Elsevier.

Vuillaume, Marcel. (1998) Le discours indirect libre et le passé simple. Svetlana Vogeleer, Andrée Borillo, Carl Vetters, Marcel Vuillaume. (eds) *Temps et discours*, pp. 191–201. Louvain-la-Neuve: Peeters.

Vuillaume, Marcel. (2000) La signalisation du style indirect libre. Sylvie Mellet et Marcel Vuillaume. (eds) *Le style indirect libre et ses contextes*, pp. 107–130. Amsterdam: Rodopi.

Wales, Katie. (1994) Speech and Thought: Representation. Ronald E. Asher (ed) *The Encyclopedia of Language and Linguistics*, pp. 4296–4301. Oxford: Pergamon Press.

Woodcock, Eric Charles. (1959) *A New Latin Syntax*. Bristol: Bristol Classical Press.

阿部宏 (2014)「過去の語りに潜在する「わたし」・「いま」・「ここ」」春木仁孝・東郷雄二編『フランス語学の最前線 2【特集】時制』pp. 401–430, ひつじ書房.

阿部宏 (2015)「擬似主体に基づく主観性について：自由話法の仏日対照を中心に」川口順二編『フランス語学の最前線 3【特集】モダリティ』pp. 329–357, ひつじ書房.

新井美智代 (2001)「話法の境界上の言葉：擬似直接話法について」『ロシア語ロシア文学研究』33: pp. 73–78. 日本ロシア文学会.

石川達夫 (1996)『チェコ語中級』大学書林.

井上貢一 (2006)「映像断片の継時的群化に関わる「視線」の効果」『芸術工学会誌』41: pp. 82–89. 芸術工学会.

井上貢一 (2007)「映像断片の継時的群化に関わる「視線」の効果 II」『芸術工学会誌』43: pp. 34–41. 芸術工学会.

今泉容子 (2004)『映画の文法：日本映画のショット分析』彩流社.

金指久美子 (2010)『中級チェコ語文法』白水社.

鎌田修 (2000)『日本語の引用』ひつじ書房.

シュタンツェル, フランツ・K (1989)『物語の構造：〈語り〉の理論とテクスト分析』岩波書店.

鈴木康志 (2005)『体験話法：ドイツ文解釈のために』大学書林.

竹内オサム (1989)「手塚マンガの映画的手法」竹内オサム・村上知彦編『マンガ批評大系 第 3 巻 描く・読む・売る』pp. 51–68, 平凡社.

竹内オサム (1992)『手塚治虫論』平凡社.

田原いずみ (2013)「視覚を表す自由間接話法の発話について」『明布佛文論叢』46: pp. 1–28. 明治学院大学文学会.

東郷雄二 (2010)「談話情報管理から見た時制：単純過去と半過去」『フランス語学研究』44: pp. 15–31. 日本フランス語学会.

バンヴェニスト，エミール（1983）『一般言語学の諸問題』みすず書房 ［Émile Benveniste. (1966) *Problèmes de linguistique générale*. Paris: Gallimard］.

藤田保幸（2000）『国語引用構文の研究』和泉書院.

三瓶裕文（2004）「ドイツの子どもの本の体験話法について」『言語文化』41: pp. 95–114. 一橋大学語学研究室.

三瓶裕文（2012）「体験話法の機能について：二重の視点性の観点から」『エネルゲイア』37: pp. 17–32. エネルゲイア刊行会.

三輪健太朗（2014）『マンガと映画：コマと時間の理論』NTT 出版.

リーチ，ジェフリー・N，マイケル・H・ショート（2003）『小説の文体：英米小説への言語学的アプローチ』研究社 ［Geoffrey N. Leech and Michael H. Short. (1981) *Style in Fiction: A Linguistic Introduction to English Fictional Prose*. London and New York: Longman］.

例文出典

Brown, Dan. *Angels & Demons*. New York: Pocket Books.

Flaubert, Gustave. *Trois contes / Drei Erzählungen*. Frankfurt am Main: Fischer Bücherei.

Houellebecq, Michel. *Soumission*. Paris: Flammarion.

Houellebecq, Michel. *Submission*. London: William Heinemann.

Kästner, Erich. *Das fliegende Klassenzimmer*. Hamburg, Zürich: Dressler, Atrium.

Kästner, Erich. *The Flying Classroom*. London: Pushkin Press.

Toussaint, Jean-Philippe. *Faire l'amour*. Paris: Minuit.

Toussaint, Jean-Philippe. *La Salle de bain*. Paris: Minuit.

Toussaint, Jean-Philippe. *Monsieur*. Paris: Minuit.

Toussaint, Jean-Philippe. *Monsieur: A Novel*. London, New York: Marion Boyars.

Toussaint, Jean-Philippe. *The Bathroom*. Champaign : Dalkey Archive Press.

小説における自由間接話法

赤羽研三

1 はじめに

　フランス語圏で自由間接話法がその存在を認められ、その研究が始まるのは、ジュネーヴの言語学者 Bally が、「自由間接文体(style indirect libre)」という用語を初めて用いた 1912 年の論文からである[1]。その研究は彼の弟子の Lips に引き継がれ、1926 年に、『自由間接文体』という著作にまとめられる。それとほぼ並行して、Proust は、「フローベールの『文体』について」(1920 年)において、「文法的な美」の例としてこの話法を取り上げる。そして、このエッセーから始まって、この語法で用いられる半過去という時制について、Proust と、当時の評論界での大御所であった Thibaudet との間に論争があり、その後、この話法は小説特有の語法として、様々に論じられることになる[2]。他方この語法は、直接話法や間接話法と並ぶ話法(discours rapporté)の一つとして扱われ、自由間接話法(discours indirect libre)とも呼ばれるようになった。

　この話法の最初の明瞭な使用例は、17 世紀の La Fontaine にあるとされ、その後 Balzac なども部分的に用いているが、この語法を大々的に用いたのは、19 世紀中葉の Flaubert である。Flaubert は、少し前の時代の Stendhal や Balzac とは違って、語り手の介入を極力避けるような文体をつくり出した。そしてこの新たな語法は、Flaubert 以降、Zola、そして Proust ら多くの作家によって様々に用いられ、さらにその影響はフランスのみならず他の国の小説にも及んで、今日に至っている。ところで、Bally はこの語法を「自由間接文体」と呼んだのだが、それは、この語法を、文法的な「話法」では

なく、文体の問題として捉えたためである。そしてそれは、もっぱら文学言語においてその存在を認められ、それを通して議論されたため、文学言語固有の語法として注目を集めるようになった。それと同時に、この語法は、Proust が Flaubert の小説作品に認めた「文法的な美」という表現で明らかなように、文学的表現を文法的な観点から考察する可能性を開いた。すなわちこの語法が、文学作品、あるいはフィクションとは何かを、言語、とりわけ文法の観点から考えようとするための重要な鍵の一つと考えられるようになったのである。

　他方で、この語法の日常言語での使用も報告されるようになり、言語学の対象として浮上してきた。とりわけこの自由間接話法が言語学で注目を浴びるようになったのは、1970 年代後半、発話行為に認められる異質性の面が問題になり、発話行為という観点からなされた、言語学におけるポリフォニー理論やその他の様々な理論が提唱されるという流れのなかである。というわけでそれ以降この語法は、文法(言語学)と文体論の二つの分野で、互いに絡み合いながら、議論されてきたのである。

　そうした流れのなかで本稿は、この語法を、「自由間接話法」ではなく、「自由間接文体」(以下、SIL と言う略号を用いる)という命名で論を進めていきたい(その理由はすぐ後の 3.2 で明らかにする)。だが、そうした SIL という語法のステイタスをめぐる多様な争点を取り上げ、SIL とは何かを明らかにしようというわけではない。といって、多くの小説家によって多様なかたちで用いられている SIL を包括的に論じようというわけでもない。その文体論的効果は作家や作品によって、また一つの作品のなかでもコンテクストによって多様である。そこで、本稿ではとりあえず Flaubert の二つの小説作品を通して、この話法が文体にもたらす効果のいくつかを見ていくことになる。Flaubert の SIL の文体については、Proust の「文法的な美」、そして Flaubert が書簡のなかで述べた理想的な「何ものでもないものの本」との関連も含めてすでに多くの論者によって論じられている。そうしたなかで、本稿の狙いは、Flaubert の文体の特徴を明らかにするというより、Flaubert を取り上げながら、1970 年代から活発になった言語学の成果に依拠しつつも、それを単に文法的な問題としてではなく、また、文体論の問題としてでもな

く、あくまでも小説の言語とは何かを考えるための一つの手掛かりにしよう
とすることにある。そしてそのことを通して、なぜ、SIL が小説における特
権的な文学的表現の一つとみなされてきたのかを考えることにある。とはい
え、もちろん、小説言語の多様な語法にあって、SIL は数ある語法のうちの
一つでしかないとも言える。にもかかわらず、この語法は、小説言語の特質
とは何かについて考えるための貴重な示唆を与えてくれるように思われるの
だ。

2 話モードと語りモード

　というわけで、これから、小説テクストに限定して SIL がどのような効
果をもたらすのかを考えていきたい。さて、言語学の成果の活用と言った
が、その成果のうち真っ先に触れなくてはならないのは、Benveniste が行っ
た「話（discours）」と「物語＝歴史（histoire, récit historique）」の区別である
(Benveniste 1966: 237–250/217–233)。この区別については他の箇所で何度か
触れてきたが、基本的なことなので確認のために繰り返したい。Benveniste
によれば、「話」は「話し手と聞き手を想定し」、しかも話し手が「何らかの
仕方で」「聞き手」に「影響を与えようとする意図のあるあらゆる行為」で
ある。それに対して「物語」は、「わたし」と「あなた」やその他、「いま」、「こ
こ」といった直示表現が指示する発話状況から切り離された発話モードとし
て規定される。そこでは、「誰一人話す者はいないのであって、出来事自体
がみずから物語るかのようである」と Benveniste は語っている。これは、
出来事や世界を語るときに、語っているという意識、語られているという意
識がなくなるということ、言い換えれば語りというフィルターが消えて、
語り手の存在を意識する必要がなくなる、そうした状態が生み出されること
を意味する。そこでは「話」を特徴づける、上記の話し手と受け手の関係が
なくなり、新たな発話体制が構築されるのである。そしてそこに、「語り」
のもっとも大事な点が認められる。「語り」においては、「わたし」、「あな
た」、「いま」、「ここ」への参照がないということはよく知られているが、こ
こではそうした発話形態が意味していること、すなわち、「話」において話

し手と受け手の間にあったような力関係、拘束関係がないという点に注目したい。SIL のもたらす効果は、そうした力関係の消去と深く関わっていて、そうした枠組のなかでこそ、文学の発話行為の特質が見えてくるように思われる。

　ここで用語について簡単に補足しておきたい。まず、Benveniste の用いた「物語」という用語を「語り (narration)」という用語に変えて議論を進めたい。また、discours という語は、Benveniste の意味では「話」と訳し、「ディスクール」を、Benveniste の「話 (discours)」ではなく、Genette が定義したような、物語のものを含めたすべての発話 (énoncé) の連鎖を指す用語として用いたい。このようにして、物語のディスクールも、そうでない日常のディスクールも、「話モード」と「語りモード」の二つによって表出されるということになる。

　さて、「話モード」と区別された「語りモード」の存在の指摘は、物語における発話行為を考えようとするとき、きわめて重要である。ところで Benveniste は「語り」を、基本的に時称 (フランス語では単純過去) と人称 (三人称) という文法的標識によって規定した。しかし、一人称や二人称の語り、また、現在や複合過去の語りがあることを Benveniste も認めている。そうしたなかで、本稿は三人称と過去時称での SIL に限定して論を進めたい。というのも、三人称や過去時称以外の文法形態での語りについてまた別の検討が必要だからである。

　ここではとりあえず、「語りモード」において読み手は、「話モード」のように話し手と受け手が対峙し、何らかの意味で応答を迫られるような緊張した関係に置かれることなく、発話の受け手のポジションから離れて、物語世界を体験できることを確認したい。そして、SIL はそうした物語のディスクールにおいてどのような役割を果たしているのか、その一端を明らかにするのが本稿での課題である。

3 話法

3.1 話法という問題設定

　ところで、「自由間接話法」という命名は、言うまでもなく、その語法が「話法 (discours rapporté, reported speech)」、すなわち「報告された (伝えられた) 言葉」の一つとして分類されていることを示している。つまり、その用語は、他者の発話を自己の発話にどう取り入れるかという観点から設定されている。「話法」の問題を包括的に論じた『話法』の著者 Rosier によれば、「話法」という概念が明確なかたちで意識されるようになったのは、発話主体の問題が浮上してきたときである (Rosier 1999: 38)。「話法」は、他者の発話を自分の発話にどう取り込むか、あるいは、一つの発話でも、そのなかのある部分が誰に帰属するのかという問いが生まれたときクローズアップされるようになったということである。しかし他方で、Rosier は、程度の差はあれ、人はつねに他者の言葉を伝え (rapporter)、取り入れているのだとも言っている (Rosier 1999: 57)。そうだとすると、一つの発話が誰に帰属するのか、すなわち、どこまでが発話者に帰されるものか、どこまでが他者の言葉の引用かというのは、発話の責任を誰が引き受けるのかという問題として現われてくる。

　直接話法では、報告(再現)される他者の発話部分、すなわち、話し手が引き受けない発話部分が括弧で括られ、そこが、話し手が責任を引き受ける他の部分とはっきりと区別される。しかし間接話法では、他者の発話は内容に還元されて話し手の発話のなかに組み入れられ、組み入れられた発話内容の忠実さについては話し手の判断に委ねられることになる。すなわち話法は、他の人の発話をどう伝えるのかというだけではなく、その発話を自分のものとして引き受けているかという問題に関わるということである。さらに、この二つの基本的な話法ははっきりと分かたれているわけでもなく、その多様な混合形態、中間的な形態が見られることもすでに明らかにされている (Rosier 1999)。

3.2 自由間接文体という命名

　さてこのようななかで、SIL において何が問題になっているのかを考えるとき、本稿が出発点に据えるのは、Banfield の理論である[3]。彼女は、Benveniste が規定した、「出来事自体がみずから物語る」純粋な「語り」にSIL を加えて、その二つを合わせて「語りの文体」と呼んだ。本稿は、この二つを「語りモード」として捉え、それに基づいて議論を進めていくことになる。

　それでは、Banfield は SIL をどう捉えようとしているのか。彼女は SIL を、Jespersen による represented speech という呼称を受け、それに「思考」を付け加えて、represented speech and thought と命名する（Banfield 1978: 416）。すでに Bally は、間接話法には「第三者の言葉か思考を再現する（reproduire）のに役立つ統辞形態」（Bally 1912: 549）が含まれているとして、この SIL の存在を認めることになったのだが、この特殊な間接話法では、再現（報告）されるものが「言葉」だけではなく、それに「思考」が加えられている点に注意したい。このことは、SIL が単に他者の言葉を報告するだけではないことを暗示している。Banfield もそれを受け継ぎ、「思考」を加えたことを強調していることから、標準的な話法の枠をはみ出したかたちの SIL を思い描いていたことが想像される。つまり、SIL は、直接話法と間接話法の、単なる中間的な混合形態ではないということである。

　この Banfield の命名に関してもう一つ、彼女が SIL を、represented という用語を用いて説明している点にも注目したい。いま触れたように SIL は英語では represented speech とも言われ、それは「描出話法」とも訳されている。そのことも踏まえて、Banfield が representation に与えようとしていると思われる強い意味、すなわち単なる「表象」ではないという点をより明確に表わすために、この語を、少し大胆だが、「現われ」に近い意味をもつ「表出」という語で訳したい。「表出」という訳語は、Banfield の重視する「非反省的意識」との関わりを強調するためなのであるが、それがどのような意味をもつかに関しては、本稿全体の基本的な主張と関わるので、これから少しずつ明らかにしていきたい[4]。

　Banfield が「表出された言葉と思考」という用語を提唱したのとほぼ同じ

頃、Authier は、自由間接話法が直接話法と間接話法に続く「話法の第三の文法的形態ではなく、固有のディスクールの布置として現われる」と主張した（Authier 1978: 80）。これを受けるかたちで、Vuillaume も、「話法（discours rapporté）」というと、「言葉」を強く思わせるが、SIL は言葉と同じくらい「思考」を報告する（rapporter）から、「自由間接話法」という用語よりも「自由間接文体」という用語のほうを選ぶと言っている。そして彼は、19 世紀からの語り文学の革新が、思考を報告する文体、人物たちの意識に直接アプローチする文体を生みだした点にあることをその理由として挙げている（Vuillaume 2000: 107）。

　本稿では「自由間接話法」ではなく、「自由間接文体（SIL）」という語を用いて議論を進めていくと宣言したが、それは、以上述べた理由によって、SIL が普通の意味での「話法」の枠をはみ出してしまうためである。もちろん SIL は、二つの話法との関わりも深いので、それらとの関連を考慮することが欠かせないことは言うまでもない。

　ここで強調しておかなければならないのは、語りモードにおける SIL の特質がはっきり現われるのは、「表出された言葉」よりも「表出された思考」のほうにおいてだと、Banfield が指摘していることである。というのも、彼女によれば、話モードにおいても SIL が見られはするが、それは「表出された言葉」に限られていて、「表出された思考」のほうは、話すように構成されていない文学にしか現われないからだと言うのだ（Banfield 1978: 445）。そして、Banfield はエコー発話の例などでそのことを立証しようとしている[5]。彼女は SIL を、主著のタイトルになっている「口では言いえない（unspeakable）文」として捉えたが、彼女が言おうとしているのは単に、SIL が書き言葉に限られるということではない。「表出された言葉と思考」としての SIL は「話モード」では言い表わしえない発話形態なのだということである。

3.3　直接話法と間接話法

　そこでまず、話法という観点から SIL がどのようなものかを見てみることにしよう。話法は他者の言葉をどう伝えるのか、どう報告するのかに関わ

る。本稿は、小説のなかでの SIL を対象にしているのだが、小説において
他者の言葉というのは、具体的には作中人物の言葉として現われる。それで
はなぜ、作中人物の言葉や思考を表わす(伝える)のに直接話法や間接話法で
はなく、あえて SIL を用いるのか。客観的に語られる地の文に対して、SIL
は作中人物の主観性(視点)を表わす、と言うだけではこの問いに十分に答え
られない。

　そのため、最初に、直接話法と間接話法の特徴をごく簡単に見ておきたい。

　まず直接話法だが、その話法はあらゆる発話形態を取り入れることができ
る。ただし、その取り入れは、他者の発話を括弧やダッシュで地の文とはっ
きりと区別したかたちで行われる。そのことによって、話し手は取り入れる
発話と明瞭な距離を取り、その部分については責任を引き受けないことを明
示する。直接話法は、他者の言葉を忠実に伝えているかどうかというより、
話し手が、責任の所在をはっきりさせ、みずからが発話の責任を取らないこ
とのしるしなのである。さらに直接話法においては、作中人物の発話内容だ
けではなく、発話行為そのものの報告、言い換えれば、発話のもつ発語内的
な力 (force illocutoire) がそのまま取り入れられていると言われる[6]。それが
直接話法における「直接」の意味するところである。

　それに対して間接話法は、人物たちの発話を地の語りの言葉のなかに組み
入れ、その発話を意味内容(命題)に還元してしまう[7]。つまり、直接話法で
は、感嘆文や、断言にならない、意味内容の曖昧な、あるいは不完全な発話
なども自由に取り入れることができるが、間接話法では、命題のかたちにな
らない発話はそのままのかたちで取り入れることができない。そのために、
話を特徴づける発語内的な力は消えてしまうのである。

3.4　なぜ自由間接文体なのか

　それでは SIL はどうか。SIL は直接話法と間接話法の難点を消して、両者
のいいところを合わせもつと言われる。まず、間接話法と比べれば、導入動
詞のみならず従属節の接続詞(que や that)を入れずにすむために、接続詞の
反復の単調さがなくなり、その文体を軽やかにすることができる。そのうえ
SIL には、間接話法では入れられない、感嘆文、不完全な文、倒置形の疑問

文といった多様な発話形態を語りのなかに溶け込ませることができる。さらに、そうした直接話法の利点を保持しつつも、同時に、間接話法のように他者の言葉を要約し、物語のなかに組み込むこともできるのだ。

　他方、直接話法との比較で考えると、SIL は、括弧やダッシュを入れず、「〜と言った」等の導入節もなく、また、時称も人称も地の文と合わせているために、地の語りの文との断差がなくなる。さらに、導入節がないために、SIL の文は直接話法による引用よりも独立していて、ひとつの「自立した単位」をなしているとされる (Ullmann 1964: 97)。すなわち、語りの地の文のなかに組み込まれていながら、間接話法とは違って地の文に従属するのではなく、語りの地の文と同等の資格でそこに入り込んでいるというのである。

　こうした自由さのために SIL には、内話から、夢想、口にされた言葉まで、また直接話法に近いものから、間接話法に近いものまでの幅があり、「無限のあらゆる段階の可能性」が開かれることになる (Gothot-Mersch 1983: 209)。それは変幻自在な現われ方をするのである。

3.5　SIL の境界の曖昧さ

　SIL は以上のような多くの利点をそなえているが、その利点は、以上で列挙してきた一般的なものにとどまらない。SIL の生み出すもっとも重要な効果は、SIL においてつねに指摘されてきた曖昧さから生み出されるのである。それでは、SIL の曖昧さとはどのようなものか。それは、SIL だとすぐにわかる文法的標識がなく、誰に属する発話かがつねに明白にわかるわけではないということである。「言葉」だけではなく、「思考」を取り入れるという点で、「自由間接話法」よりも SIL という用語のほうが適切だと述べたが、この用語を選ぶもう一つの理由は、この「話法」を完全に決定する文法的標識がないということにある。Authier は、SIL かどうかをコンテクストなしに文法的に決定する指標はないと指摘した (Authier 1978: 79) が、この考えは広く受け入れられている[8]。ただし、つねに見分けられるわけではないとはいえ、実際はほとんど見分けられるのではないかというのが多くの言語学者の考えのようである[9]。事実、その後の言語学からの SIL に関する研究の

多くは、地の文に紛れ込んだ SIL を見分ける文法的標識に関わるもので、そこで明らかにされた標識のリストは詳細なものになっている。さらにコンテクストをたどれば、SIL はほぼ見分けられ、曖昧なままにとどまる場合は多くないだろう。それではなぜ見分けなければいけないのか。物語の流れを理解するためには、ある発話が誰のものかを知る必要があるからである。

　しかし、繰り返すが、大事なのは、この声の帰属の曖昧さこそが SIL の文体論上の重要な価値となっていることである。その曖昧さは、どちらかはっきりしないという単なる不確定な状態ではなく、Authier の言う「固有のディスクールの布置」(Authier 1978: 80) なのであり、一つの別のあり方であることを強調しておきたい。Banfield も、SIL において、表層には出ていないが、深層においては、語り手が「わたしは、彼(女)が〜と言ったと言う」という構造があるという考えに真っ向から反対した。それは、SIL では、導入節が単に省略されていて、読み手がそれを補って読んでいるわけではないということを意味する。つまり、SIL は直接話法や間接話法とは根本的に違う語法なのだということである。

　ここで、SIL につきまとう帰属の曖昧さはまた、どこまでが SIL かがはっきりわからないという、境界の曖昧さにも関わってくることを付け加えておこう。SIL の文体上の魅力は、作中人物の内話や意識、あるいは実際に口にされた言葉を地の語りの言葉のなかに溶け込ませること、両者を渾然と一体化させることから来るとしばしば言われる[10]。それによって、継ぎ目の目立たない流れが生み出されるのである。この曖昧さについては、この後、4.8 で具体的に触れたい。

3.6　書き手と語り手

　ところで Banfield は、SIL では「語り手はいない」という大胆な主張を行い、多くの議論を巻き起こした。SIL においては、話モードの「話し手」に相当する「語り手」がいないということである。これが、深層においても「わたしは〜と言う」という導入節は存在しないという Banfield の主張の帰結である。ところで「語り手」は、「話し手」との類推で、作中人物に帰属しえない発話を引き受ける存在として規定されてきた。ところが SIL は、語り

の地の文のなかに、不明確なかたちで取り込まれている作中人物の言葉や思考を表わす部分のことである。すなわち、SIL においては、作中人物の言葉や思考がそのまま表わされているようなのだが、人称や時称が間接話法のように、地の文に合わされているのである。そうした事情から SIL を、作中人物の声と語り手の声の「二重の声」という、Pascal の考えが生まれてくる（Pascal 1977）。それに対して Banfield は真っ向から異論を唱え、「語り手はいない」と主張した。本稿の目的の一つは、この主張を通して Banfield が言いたかったのは何かを考えることである。まずはっきりしているのは、語りにおける SIL には、作中人物に帰するものか、語り手に帰するものかという帰属の曖昧さがあることである。「二重の声」という解釈は、その曖昧さを認めつつも、その二つの声の存在を前提として SIL の発話を捉えようとしている。ところが、Banfield は「語り手」の存在を不要とする発話行為を SIL に見ている。「二重の声」という説明が必ずしも間違っているわけではないが、それは、SIL における「語り手」とは何かという本質的な問いかけをせずに、その問いを曖昧なままで封じてしまっているのである。

　しかし、「語り手」という存在の想定に疑念をもったとしても、SIL に対してまったく発話主体を想定しないわけにはいかない。そこで本稿では、そうした主体をとりあえず「書き手」と呼びたい。「書き手」が「語り手」と区別されなければならないのは、「語り手」は作中人物との対比で用いられてきたのに、「書き手」はそうではないというところにある。ここで用いられる「書き手」は、テクスト全体を引き受ける存在として規定される。作中人物に帰される言葉でも、それは「書き手」が選んで、SIL として配置していると考えるからである。そうすると、書き手が「人物に語らせる」ということがしばしば言われるが、そのことは、SIL とどのような関係があるのかという問題も提起されるだろう。

3.7　語り手の現われ

　ところで、SIL における語り手の不在を問題にしたが、実際の小説作品において「語り手」という用語が必要な場合があることも確かである。Benveniste の考える純粋な「語り」においては語り手はその姿を現わさない

60　赤羽研三

とされた。そのとき読み手は、語り手がいないかのように読み進むことがで
きる。だが、そうしたなかでも、「出来事自体がみずから物語る」ような語
りではなく、また作中人物に帰することもできず、そのために語り手という
存在を想定しなければ理解できない発話がある。繰り返せば、ここでの語り
手は、話モードにおける「話し手」にほぼ相当する存在である[11]。Stendhal
や Balzac の作品では、頻繁に語り手の介入が見られた。それに対して、
Flaubert は基本的にそれをしない文体を生み出したことは広く認められてい
る。だがそうはいっても、語り手に帰属すると思われる発話は少なくない。
いくつか例を挙げよう。

(1a)　Depuis les événements que l'on va raconter, rien, en effet, n'a changé à
　　　Yonville.　　　　　　　　　　　　　　　　　（*Madame Bovary*, 128）
　　　（以下に物語ろうとする事件以来、まったくこのヨンヴィル風景は何ひとつ
　　　として変化がない。）　　　　　　　　　　　　（『ボヴァリー夫人』、113 頁）

(1b)　Elle confondait, dans son désir, les sensualités du luxe avec les joies du
　　　cœur, l'élégance des habitudes et les délicatesses du sentiment. (Ibid. 113)
　　　（エンマは自分の欲望のなかで、奢侈のもたらす感覚の悦楽と、心情の歓喜
　　　とを混同し、習俗の優美さと感情のこまやかさとを混同していた。）
　　　　　　　　　　　　　　　　　　　　　　　　　　　　　　（同上、93 頁）

(1c)　D'ailleurs. Charles n'était pas de ceux qui descndent au fond des choses
　　　(...).　　　　　　　　　　　　　　　　　　　　　　　　　（Ibid. 438）
　　　（それに、シャルルはものごとをつきつめて考える性の男ではない。）
　　　　　　　　　　　　　　　　　　　　　　　　　　　　　　（同上、560 頁）

(1d)　N'avaient-ils rien autre chose à se dire ?　　　　　　　　（Ibid. 154）
　　　（ふたりはこんなことよりほかに話し合うことはなかったのだろうか。）
　　　　　　　　　　　　　　　　　　　　　　　　　　　　　（同上、148 頁）

　(1a)は、現在形で「以下に物語ろうとする」とあるとおり、もっとも明瞭
に語り手の存在が指示されている。(1b)は、作中人物の知りえないこと、意
識していないことが語られていることによって、外部の視線がはっきりと出

ている。(1c)は、原文は半過去形だが、シャルル自身が気づいてはいないだ
ろう性格を外から説明している。(1d)も、作中人物とは別の存在が抱く感
想が、(1c)と同様に半過去形で挿入されている。さらに、例は挙げないが、
比喩を用いると純粋な語りではなくなる[12]。他にもいろいろあるが、こうし
た多様な外の声は一般には語り手に帰されている。ただ、こうした外からの
声を一括して語り手に帰してすますことは少し安易すぎるだろう。たとえ
ば、語り手自身の判断のように見えたとしても、世間一般の通念の引用とし
て述べられているという可能性もあるからである。それが引用だとすると、
これも広い意味でのSILということになる。そのとき、書き手はその解釈
を単純に自分のものとして引き受けてはいないからである。ただし、この問
題は興味深いが、ひじょうに大きな問題なのでここではこれ以上深入りしな
いで、こうした声をとりあえず「語り手」の声と規定し、それを、作品全体
を司る存在である「書き手」と区別したところで先に進みたい。

4 様々な自由間接文体

4.1 直接話法と間接話法の共存

　一応一般的な説明が終わったところで、これから、Flaubertの小説からい
くつかの具体例を挙げながら、SILがどのような文体論的効果を生み出して
いるのかを見ていきたい。だが、SILに入る前に、FlaubertがSILだけでは
なく、様々な話法を用いていることを示す奇妙な話法の例から始めよう。

（2）　<u>Frédéric disait qu</u>'elles étaient là depuis le commencement du monde et
　　resteraient ainsi jusqu'à la fin[1] ; Rosanette détournait la tête, <u>en affirmant
　　que « ça la rendrait folle »</u>, et s'en allait cueillir des bruyères.[2]

（L'éducation sentimentale, 355）

　　<u>フレデリック</u>は、こういうものはこの世の初めからここにあり、この世の
　　終わりまでこのまま残るだろう<u>と言った。</u>[1] ロザネットは顔をそむけ、<u>「頭
　　が変になりそう」</u>と言い、ヒースを摘みに行った。[2]

（『感情教育』下、156–157頁）

62　赤羽研三

　1）は、下線部に「フレデリックは〜と言った」とあるとおり、間接話法である。2）の下線部は、en affirmant que（「と言い」）という間接話法の導入節をもっている。そのうち、二重下線の部分は、直訳すると「そのことが彼女の頭を変にするだろう」となり、人称は三人称、時称は過去における未来を表わす条件法現在形が用いられていて、明らかに間接話法の形態を取っている。にもかかわらず、括弧がついているのだ。括弧のなかの部分だけ、ロザネットの言葉自体が前面に出されているが、そのままではなく時称と人称が地の文に合わされている。これは、二つの話法の奇妙な混合形態である。Flaubert はこのように自由にいろいろな話法を組み合わせている。

4.2　口に出された言葉での自由間接文体

　それではこれから SIL に入るが、SIL が「表出した思考」に関わるということから、それが多く用いられるのは内話（discours intérieur）である。口にされた会話の言葉が SIL で表わされることは多くはない。だがないわけではない。実際に口にされた言葉が直接話法ではなく、SIL で語られているケースを見てみよう。

（3）　　Elle soupira, et se mit à parler de son enfance. Ses parents étaient des canuts de la Croix-Rousse. Elle servait son père comme apprentie. Le pauvre bonhomme avait beau s'exténuer, sa femme l'invectivait et vendait tout pour aller boire. (...) Enfin un monsieur était venu,[1] un homme gras, la figure couleur de buis, des façons de dévot, habillé de noir. Sa mère et lui eurent ensemble une conversation, si bien que, trois jours après... Rosanette s'arrêta et, avec un regard plein d'impudeur et d'amertume :

　　　　— C'était fait ![2]　　　　　　　　　　　（L'éducation sentimentale, 358）

（　彼女は溜息をつき、子供時代のことを話しだした。両親はクロワ＝ルスの絹布織工だった。彼女は父親の下働きとして手伝っていた。この哀れなおやじさんがいくら骨身を削って働いても無駄なことで、母親のほうは彼を罵り、なにもかも売り飛ばして飲みに行ってしまうのである。（…）そのうちひとりの紳士が訪ねてきた。[1]太った男で、黄楊の木のような色をし

た顔、信心深そうな立ち居振る舞い、黒服を着ている。母親とその男はひそひそ話をする。そして三日後に……。そこでロザネットは話を中断すると、破廉恥な開き直りと苦々しさのこもった目つきで、

「それが一巻の終わりよ！ [2)]」）　　　　　　（『感情教育』下、161頁）

　この箇所は、（2）の引用と同じく、フレデリックが、情人のロザネットとパリ郊外のフォンテーヌブローに出かけ、二人だけで幸せな日々を過ごしている場面である。高等娼婦の彼女もしんみりと自分の過去の話をし出している。それをフレデリックは聞いている。このロザネットの話は、彼女が言ったままではなく、要約されている。話された言葉が要約されている場合、言い方ではなく、言われた内容に重点が置かれ、間接話法に近くなる。それもあってか、下線部1）のように必ずしもはっきり SIL として訳していないところがある。このように、全体が要約されて語られているなかで、下線部2）の最後の一文だけは、直接話法で彼女の言葉がそのまま描き出されている。その箇所だけ、実際の発語のもつ力、強い言い切り方が彼女の思いを明瞭に表わしている。

4.3　内話における自由間接文体
　それでは、内話の例に移ろう。最初は、直接話法と対比された SIL である。

（4）　　— Mais, hier, mon cœur débordait.

　　　　— Nous ne devons plus songer à ce moment-là, mon ami !

　　　　Cependant, où serait le mal quand deux pauvres êtres confondraient leur tristesse ?

　　　　— Car vous n'êtes pas heureuse non plus !

　　　　　　　　　　　　　　　　　（L'Éducation sentimentale, 295–296）

（「でも、きのうばかりは、どうにも気持を抑えることができなかったんです」

　「もう、あのときのことは無かったものと忘れてしまわなければいけませんわ」

しかし、ふたりの不幸な人間がそれぞれ哀しみをともに分かちあって、
どこがわるいというのだろう？
「あなたも仕合せではないじゃありませんか！」）（『感情教育』下、54頁）

　下線部は、二人の直接話法の会話に挿まれた SIL である。実際に口にされた言葉は直接話法で、それに対する彼の心の裡の疑念は SIL になっている。この一節は、会話の直接話法の部分と心のなかの思いを表わす SIL との対比がはっきり出ている。ただ、その対比が明瞭に表わされているだけで、目覚ましい文体論的効果をあげているわけではない。

　次は、SIL であることがはっきりしている内話の例を取り上げよう。内話は、口にされた言葉と思考のいわば中間のような位置にある。エンマは、田舎暮らしに満たされない思いを抱き出したとき、土地の侯爵邸への招待を受ける。そしてその宴会で子爵から思いもかけずダンスに誘われ、彼と踊る。その後夫のシャルルが落ちているのを見つけ、家まで持ち帰った葉巻入れを、エンマは一人取り出して、その持ち主がダンスの相手をしてくれた子爵ではないかと想像し、彼に思いを馳せる場面である。

（ 5 ）　　Souvent, lorsque Charles était sorti, elle allait prendre dans l'armoire,
entre les plis du linge où elle l'avait laissé, le porte-cigares en soie verte.
　　Elle le regardait, l'ouvrait, et même elle flairait l'odeur de sa doublure,
mêlée de verveine et du tabac. À qui appartenait-il ?... Au Vicomte.
C'était peut-être un cadeau de sa maîtresse. On avait brodé cela sur
quelque métier de palissandre, meuble mignon que l'on cachait à tous les
yeux, (...) De quoi avait-on parlé, lorsqu'il restait sur les cheminées à large
chambranle, entre les vases de fleurs et les pendules Pompadour ? Elle
était à Tostes. Lui, il était à Paris, maintenant ; là-bas ! Comment était ce
Paris ? Quel nom démeusuré ! Elle se le répétait à demi-voix, pour se faire
plaisir (...).　　　　　　　　　　　　　　　　　　（Madame Bovary, 110）
（　シャルルの留守中、エンマはよく戸棚をあけて、たたんだナプキンのあいだにそっと隠したあの緑色の絹の葉巻入れを取り出した。

彼女はためつすがめつうちながめ、なかをあけ、馬鞭草の香水とたばこの薫りの入りまじった裏地のにおいまでも嗅ぐのだった。これは誰の持ち物だったのだろう？……子爵様のだ。恋人からからおもらいになったのかしらん。とすれば、これは紫檀の刺繍台の上で縫い取られたのだ。だれにも見せないかわいい手持ちの刺繍台。（…）これが大きなマントルピースの上、花瓶とポンパドゥール・スタイルの置時計のあいだに置いてあったとき、おふたりは何を語られたのだろう？彼女はトストにいる。あの方はパリにおいでだ。あの遠いパリに！パリとはどんなところなのか？ なんとすばらしい大きな名だろう！パリ！ 彼女はその名を繰り返しささやいては楽しんだ。）　　　　　　　　　　　（『ボヴァリー夫人』、89–90頁）

　下線部は、エンマが心に思ったことが現われている典型的なSILである。最初の倒置疑問形の発話は、SILの開始を告げる。この内話は、直接話法のように、特定の誰かに向けられ、何かを訴えているという直接性はない。また、他人に口外しないほうがいいことを心のうちでつぶやいているというわけでもない。そうではなく、意識に自然と浮かんでくる思いという面のほうに力点があるのだ[13]。自然に湧き起こっているという印象は、その内話が、その前の半過去形での語りの地の文と括弧等で隔てられることなく、また何の説明も加えず、地の文と段差なく連続して表出されているSILによって強調されている。SILにおいては、語り手という媒介を通して表わされる作中人物の声というかたちを取らず、地の文に紛れ込んだ作中人物の直接の声のように読み手に響くのである。

　このことと関連するのであるが、さらにSILにおいては、すでに述べたように、倒置形の疑問文、感嘆文、不完全な文といった間接話法では取り込めない発話も取り入れることができる。それは、直接話法と共通している点だが、直接話法だと、その発話の相手への訴えかけ、働きかけの面が強くなるだろう。直接話法の直接性はそのようなところにある。それに対して、表に出されない声として現われるSILの場合は、受け手に何かを訴えるというより、表出される情動の強度のほうに重点が移っているように思われる。強い情動が込められているということは、疑問符や感嘆符が多用されるとこ

ろにも現われている。

しかし、心の中の思いがつねに SIL だというわけではない。それが直接話法で述べられることも少なくない。

(6a)　— Se douterait-il de quelque chose ? se demandait Léon.

(*Madame Bovary*, 179)

（「さては感づいたかな？」とレオンはとたんに思った。）

（『ボヴァリー夫人』、183 頁）

(6b)　— Se moque-t-elle de moi ? songeait Rodolphe.

(*Madame Bovary*, 201)

（「おれをからかっているのかな？」とロドルフは思った。）

（『ボヴァリー夫人』、213 頁）

このように並べてみれば、(6) と、(5) で引用した SIL との違いがはっきりする。つねにこうとは限らないのだが、(5) が情動の強度の直接的な表出なのに対して、(6) の二例ではただ単に心のなかで考えたことが表わされているだけなのである[14]。

4.4　情動の発露

次は、「表出」という訳語がもっとも適切に感じられる SIL である。それは情動がそのまま発露したような場合である。エンマは、シャルルと結婚して始まった生活が、自分が思い描いていたのと違っていることに気づきはじめ、そのことを理解しない夫への失望と不満、怒り、心のなかの遣り場のない思いが湧き起こってくる。(5) の例で触れた、地元の侯爵邸でまた舞踏会が催されるのではないかと心待ちにしているが、いつまでたってもその連絡は来ない。

（7）　Après l'ennui de cette déception, son cœur de nouveau resta vide, et alors la série des mêmes journées recommença.

Elles allaient donc maintenant se suivre ainsi à la file, toujours pareilles, innombrables, et n'apportant rien ! Les autres existences, si plates qu'elles fussent, avaient du moins la chance d'un événement. (…) Mais pour elle, rien n'arrivait, Dieu l'avait voulu ! L'avenir était un corridor tout noir, et qui avait au fond sa porte bien fermée.[1]

Elle abandonna la musique. Pourquoi jouer ? qui l'entendrait ?[2] Puisqu'elle ne pourrait jamais, en robe de velours à manches courtes, sur un piano d'Érard, dans un concert, battant de ses doigts légers les touches d'ivoire, sentir, comme une brise, circuler autour d'elle un murmure d'extase, ce n'était pas la peine de s'ennuyer à étudier.[3]　　(*Madame Bovary,* 117)

（　この失望の苦さを味わったのち、彼女の心はまたしてもうつろになった。そしてここにまた、同じ毎日毎日の繰り返しがはじまった。

ではこうして、これからさき、いつも今日は昨日に、明日はまた今日に似た毎日が、数限りもなく、何物ももたらさずに、ずらずらと続いてゆくのか！　ほかの人たちの生活は、たとえどんなに月並みでも、なにか事件のひとつぐらいは起こる機会があるものだ。（…）ところが自分にはなにも起こらない。それが神様のおぼしめしとみえる！　未来は真っ暗なただ一筋の廊下と延びて、その果てには戸がぴたりと閉ざされている。[1]

エンマは音楽をぷっつりやめた。弾いてなんになろう。だれが聞く？[2]演奏会の壇上、袖の短いビロードのドレスを身にまとい、エラール製ピアノの象牙の鍵盤に軽やかな指を走らせると、感嘆のささやきが微風のようにあたりにそよめく、その思いをついに味わい知ることが自分にゆるされないのであってみれば、いやいやながらのお稽古などしてんになる。[3]）

（『ボヴァリー夫人』、99頁）

　下線部1）は、略した部分も含めてすべて SIL とみなされる。ただこの箇所の前半部は他のところで、SIL と地の文との境界の曖昧さの例として挙げたので、ここでは後半部を取り上げたい[15]。それは引用した部分の最後の段落である。二重下線の「音楽をぷっつりやめた」という出来事は当然、語りの時称である単純過去で描かれるが、その後の、疑問形で表わされた下線部2）にはエンマの直接の思いが SIL で表出されている。「彼女は〜と思った」

という表現が入らず、間髪を入れず続く会話調の「弾いて何になろう？」という強い怒りの調子を帯びた表現は、直接的なものの効果を生み出す。直接話法の発話の「直接」とは違う「直接」については、(5) の例を取り上げたときに論じた。ここの例はそのことをよりはっきりと見せてくれる。SIL によるエンマの思いは、括弧のなかにおさめられて地の文から区別されることなく、地の文と地続きで表出されている。しかも、直接話法に近い不完全な文によってその情動の発露の面が強められている。さらに、その発話が「音楽をぷっつりやめた」という、単純過去の語りの地の文のすぐ後に媒介なしに続くことによってその発露の突発性が明瞭に浮き出る。単純過去で非人称的に語っていた書き手自身が、エンマの思いをあたかも自分の思いのように発しているのだ。地の文と作中人物の発話の境界が取り払われてしまっているために、書き手自身もエンマの声に同調し、自分でも意識せずに突然自然に思いが噴出したという印象をもたらしている。

　書き手はここではもはや語り手という媒介者を通して、作中人物の意識を言語化し誰かに伝えているというより、その意識の現われを「直接的に」自分の声のように受け止めているというふうなのだ。言ってみれば、書き手はその存在に憑依したように言葉にしているのである。

4.5　反省的意識と非反省的意識

　さて、ここで扱っている三人称、過去形の語りでの SIL の発話行為の特徴をはっきりさせるために、まずそれが、一人称の話モードによって語られる内的独白とは根本的に異なっている発話形態であることを指摘しておかなければならない。内的独白 (monologue intérieur) とは、起こったこと、あるいは今起こりつつあることを一人称で語る発話形態である。ここで重要なのは、内的独白が、どのような受け手かはっきりしないとしても、なんらかの受け手を想定し、その相手に向けて何かを訴えたり、あるいは言い訳をしようとしたりしていることである。一人称の話モードという文法構造をもつという点で、内的独白は SIL と根本的に異なることは明白である [16]。また、SIL における「表出された思考」は、内的独白との類推で、語り手が匿名の誰かに向けて作中人物の内面を語るというのとも違っている。それは、不特

定の匿名の存在であるにせよ、なんらかの相手に向けられた発話ではない。さらには自分自身に向けた発話と言っても不十分なのである。

　ここで、「表出された思考」と言うときの、「思考」の指す範囲が漠然としていることが見えてくる。そのようななかでBanfieldは「反省的意識」と「非反省的意識」の区別を提唱した[17]。ところが、Russellに基づくこの認識論的な区分は言語表現面で見てみると、必ずしもはっきりしていない。とはいえそれは、同じSILでも、(4)と(5)(7)の違いにある程度対応しているように思われる。すなわち、(4)は反省的意識、(5)(7)は非反省的意識ということだ。(4)では「思考」がもつ能動的な面が出ている。それに対して(5)(7)は自然に湧き起こる思いという面が強い。情動のこもったSILは、非反省的意識に属することが多いのである。このように考えるとBanfieldは「反省的意識」と「非反省的意識」との区別を取り入れることによって、彼女の言う「表出された思考」の内容が、普通の意味で受け取られた「思考」、すなわち、反省的意識の思考の外側のほうにシフトしていくのがわかる。SILの文体論的特性は、この「非反省的意識」に関わるときにより強く現われるのだ。

　このように、SILを「表出された意識」によって規定すると、その「意識」は非反省的意識において十全なかたちで現われる。それは、作中人物の「わたし」によって語られるのではなく、語り手が作中人物の内面を間接話法のように語る（報告する）のとも違っている。Benvenisteは語りにおいて「出来事自体がみずから物語る」と述べたが、それに倣って、SILを「意識自らが物語っている」ような語り、あるいは、その人物の意識自体が直接表出されているような語りと言ったほうが正確であろう。というわけで、この二つの意識の違いを踏まえ、重点を非反省的意識のほうに移して、論を進めていきたい。

4.6　意識と内面

　ここで「意識」と「内面」とをはっきりと区別したい。内面は外面との対比によって定義される。内面の表現とは、他人には知りえない内面、あるいは人には言えない内面を明かすということになるだろう。それに対して、意

識は知覚を含んでいて、外界と接している。意識は主体の内界と同時に外界
と直接関わってくるのだ。それは内に向かって閉じた空間ではなく、外と直
接に接している表面なのである。Banfield は「意識」という用語を用いるこ
とが多いが、それは、「意識」を単に人物の内面に関係するものではなく、
内界と外界との関係を表わすものとして考えているためのように思われる。
そう考えると、「意識」は「思考」よりも「内話」よりも、外との関係が明
瞭な「知覚」によりはっきりと現われるのではないか。意識の表現を、内面
の表現という意味で理解されてしまうと、言語の、内外のインターフェース
という側面を十分に説明できない。

　というわけでまず、SIL を、そうした「内面の表現」という考え方から切
り離すために、それと、内的独白との違いだけではなく、語り手が、作中人
物の心のうちに入りそれを表現する、あるいは語り手が作中人物の思いを代
弁するかたちで客観的に表現することとは違うということをはっきりさせる
必要がある。

　とはいえ、Banfield の「意識」は内と外の接点として理解することが十分
できるとしても、彼女の「意識」に「内面」という性格が残っていないわけ
ではない。それは明らかに彼女が、20 世紀前半におおいに広まった「内的
独白」とか「意識の流れ」といった文学の潮流に明瞭に表れている傾向に無
関心ではなかったことと関わるだろう[18]。それに対して本稿の趣旨は、「意
識」を「内面」と結びつけて理解してきたそのような 20 世紀前半の文学論
の考えとは少し違う観点から SIL を考えようというものである。

4.7　夢想と知覚

　そこで次に夢想を表わしている例に移ろう。最初の二行にある通り、エン
マは夫の隣で眠ったふりをして、愛人ロドルフとの夢想を繰り広げる。

（8）　　Emma ne dormait pas, elle faisait semblant d'être endormie ; et, tandis
　　　　qu'il s'assoupissait à ses côtés, elle se réveillait en d'autres rêves.

　　　　　Au galop de quatre chevaux, elle était emportée depuis huit jours vers
　　　　un pays nouveau, d'où ils ne reviendraient plus. Ils allaient, ils allaient, les

bras enlacés, sans parler. (...) Et puis ils arrivaient, un soir, dans un village de pêcheurs, où des filets bruns séchaient au vent, le long de la falaise et des cabanes. C'est là qu'ils s'arrêteraient pour vivre ; ils habiteraient une maison basse, à toit plat, ombragée d'un palmier, au fond d'un golfe, au bord de la mer. (...) Cependant, sur l'immensité de cet avenir qu'elle se faisait apparaître, rien de particulier <u>ne surgissait</u> ; les jours, tous magnifiques, se ressemblaient comme des flots ; et cela <u>se balançait</u> à l'horizon, infini, harmonieux, bleuâtre et couvert de soleil. <u>Mais l'enfant se mettait à tousser dans son berceau, ou bien Bovary ronflait plus fort</u> (...).

(*Madame Bovary*, 270–271)

（　エンマは眠っていなかった。眠ったふりをしているだけだった。そして、シャルルがかたわらにやっとまどろみはじめるころ、彼女のほうはいっそうはっきり現^{うつつ}になって、夫とうって変わった夢想を繰りひろげるのだった。

　四頭立ての馬車を飛ばせて、彼女はもう一週間も前から、行って二度とは帰るまい新しい国へと運ばれている。ふたりは腕を組み合わせ、無言のまま、どこまでもどこまでも進んでゆく。(…)さてある日の夕まぐれ、ふたりはとある漁村にたどりつく。断崖沿いに、また漁師の小屋の外に、褐色の地引網が風に干してある。ふたりがついに足をとめて暮らすのはここなのだ。二人は入り江の奥の海辺の棕櫚の木かげに、平屋根の低い家に住むだろう。(…)かくて彼女の脳裡に描き出す果てしない未来の上には、何ひとつ際立った変化は<u>現われなかった</u>。輝かしい毎日毎日は沖に寄せる波また波のようにどれもが似かよって、なごやかに、うす青く、燦々と日を浴びて、無限の水平線上に<u>ゆれただよっていた</u>。<u>しかし、そのうちに子どもが揺籃のなかで咳をしはじめたり、ボヴァリーのいびきがひどくなったりする</u>。）

（『ボヴァリー夫人』、312–313 頁）

　原文で三行目（邦訳では四行目）の「四頭立ての馬車を飛ばせて」以下に、エンマの夢想が描き出されている。すべての時称は半過去（過去における現

在）と条件法（過去における未来）である。SIL は日本語訳では現在形で訳されることが多い。ここでもほとんどが現在形に訳され、SIL として解釈していることがわかる。夢想は、ある映像が人物の脳裏に自然に浮かび上がり、その人物はその映像を追い、ただその発露に身を委ねるような性格のものである。つまり、「夢想」というのもまた意志的なものではなく、「思考」のカテゴリーには入りにくく、「非反省的意識」という用語による説明のほうが適切であると言える。この点で、夢想もまた SIL がもっとも適した話体の一つと言えるだろう。

　最後に下線を引いた箇所だが、子どもが咳をし、夫のいびきで、エマは夢想から現実に引き戻される。ここはもはや夢想ではなく、現実に耳にした知覚が問題になっている。このくだりは mais（しかし）で始まるが、この接続詞は SIL の始まりを告げるとともに終わりを告げる文法的標識とされる。とはいえ、それがなくても、ここでは夢想と知覚の境界はすぐに見分けられる。だが読み手は、人称と時称の連続性によって、自然にその夢想から現実世界の知覚へ、内から外への越境を行うのである。つまり、その二つは、エンマのひとつながりの連続した意識の表出として読むことができる。こうした点も SIL の効果と考えることができるだろう。

4.8　SIL と地の文との連続性

　(8) の例でもう一つ注目したいのは、エンマの夢想を描いた部分の二重下線の動詞の時称の訳である。それまで、SIL の一般的な和訳で用いられる現在形だったが、その二カ所の動詞は過去形になっている。訳者は、これを SIL とは解釈しなかったのかもしれない。ちなみに芳川訳（351 頁）も過去形になっている。ところが、(8) の引用のすべての動詞は半過去形で、どこまでが SIL かを示すはっきりしたしるしがない。すなわち、この箇所は、書き手が作中人物に寄り添っていて渾然となり、その言葉がエンマのものなのか、外からのものなのかを決定しがたいのである。書き手はいわば、エンマに同調し、その意識に語らせているのであり、書き手はそれになんらコメントしているわけではない。

　原文では、現在形で訳された部分と過去形で訳された部分のいずれも半過

去で、二つは溶け合うように進んでいく。残念ながら、SIL に相当するもの
は日本語にはない。原文は、SIL かどうかを決定しないままに曖昧にしてお
くことができるが、日本語に訳すときにはどちらか決定しなければならな
い。だがすでに述べたとおり、SIL の特徴はその曖昧さにある。ここでは、
作中人物の声が、話モードとはまったく別のかたちで表出されていると考え
るべきなのである[19]。

　このように、SIL は語りと人物の声の境界を曖昧にするのだが、私の問い
は、このことがどのような効果をもたらしているのかということである。
(6)で見たように、Flaubert は、心に思ったことをしばしば直接話法で表現
している。それに対して、(8)の SIL の場合では、心の中の思いも、引用最
後の知覚の部分（「しかし」以下の描写の部分）も語りのなかに紛れ込み、エ
ンマの継ぎ目のない一続きの意識の流れのなかの一齣にしてしまっているの
である。物語の展開のなかでは、これがエンマの夢想した光景であるという
ことは重要である。しかし物語世界に入っている読み手自身は、エンマの夢
想した光景であることを一瞬忘れてその光景に見とれることになる。

　ところですでに、SIL は文脈によってしかそれと決定できないことが多い
と述べた。だが、それだけではなく、文脈からも一義的な決定ができない場
合があるのだ。次もそのような例である。

（9）　　— Oui, murmurait-elle en grinçant des dents, il me pardonnera, lui qui
　　　n'aurait pas assez d'un million à m'offrir pour que je l'excuse de m'avoir
　　　connue ... Jamais ! jamais !

　　　Cette idée de la supériorité de Bovary sur elle l'exaspérait. Puis, qu'elle
　　　avouât ou n'anouât pas, tout à l'heure, tantôt, demain, il n'en saurait pas
　　　moins la catastrophe ; donc, il fallait attendre cette horrible scène et subir
　　　le poids de sa magnanimité.　　　　　　　　　　（Madame Bovary, 395–396）
　　　（「そうだ」とエンマは歯ぎしりしながらつぶやいた。「許すと言うだろう。
　　　わたしの目の前に立ち現われたという罪だけでもわたしは断じて許せない
　　　あの男、たとえ百万フランくれたって許すことはできないあの男が……い
　　　やだ、ごめんだわ！」

ボヴァリーが偉そうに自分の上に立つかと思うと、どうにも我慢がなら
　　なかった。それに、こちらから白状するまでもなく、どうせこの破局はや
　　がて、まもなく、おそくも明日には夫に知れてしまうのだ。してみれば、
　　どのみちそのうんざりする場面は避けられず、そのときにはいやでも夫の
　　寛大さの重圧に耐えねばならないのだ。）（『ボヴァリー夫人』、496–497 頁）

　二重下線を引いた文は、山田訳では SIL とは解釈していないようである。
芳川訳（554 頁）も同様である。たしかに語調からすると、エンマの言葉のよ
うには見えない。しかし、その前は直接話法で、その後の下線部が SIL に
よってエンマの思いが語られている点からすると、間に挟まれたこの文もま
た、SIL と解釈することも不可能ではない。すでに (3) の例で示したように、
SIL でも間接話法のように要約することもあるからである。ここも前の例と
同じように、どこまでを SIL とするのか必ずしもはっきりしないのである。
　繰り返せば、ここでも、SIL は人称や時称だけでは語りの地の文とはっき
り区別できない。だが重要なのは、両者を峻別するのではなく、語りの流れ
のなかで、読み手は、語りの地の文か作中人物の声なのか判然としないま
ま、そうした区別が消え去ってしまうような空間に身を置くということであ
る。というのもそのことに気づかなくても不可解な気持にはならず、自然に
読み進むことができるからである。それを弁別する必要が感じられないので
ある。そして、すでに 3.5 で触れたように、この曖昧さが SIL の特徴であり、
そこにこそ、この語法独特の効果が生まれる。逆に、はっきりと SIL とわ
かる場合は、その効果は弱まると言えるのかもしれない。書き手からすれ
ば、書き手自身が人物に共振しているとも、また、人物に乗り移って語らせ
ているというふうにも取ることができる。
　ここで (7) の下線部 3) に戻ってみたい。ここも SIL と解釈できるが、すで
に分析を試みた下線部 2) の強い怒りの調子を帯びた短い文とは対照的に、
心のうちの思いの表出としては長く、説明的であり、ふつうの間接話法に近
いと感じられる。このように SIL でもより間接話法に近いようなものもあ
り、その境界は曖昧である。しかしその曖昧さは読み手にとって特別問題に
ならないという点をここでも強調しておきたい。

Banfield の「思考と言葉の表出」という規定をもとに SIL を考えてきた。それはここの SIL の例で言えば、エンマが自ら自分の思いを言葉にしているのではなく、また高所に身を置く語り手が、エンマ自身の意識していないことを報告しているのでもなく、エンマが非反省的にであれ意識していたはずのことを外から描いたということである。それは、主観的に見えても、エンマという主体の統御の外にあるものの表出なのである。また、括弧で区別されず地の文と地続きで、外から語られているといっても、それは語り手という発話主体の統御のもとにあるわけではない。あくまでも、人物の非反省的意識の直接的な表出であるかのように語られている。語りはエンマに一体化しているのでもなければ、客観的に見ているというのでもない。あたかも発話主体がいないかのように語られているということである。そこで聞こえてくるのは、Blanchot の用語を借りれば、「語り手の声 (voix narratrice) ではなく、「語りの声 (voix narrative)」と言うことができるのかもしれない[20]。Blanchot の非人称的な語り、あるいは中性的な語りこそが、SIL において語り手がいないという主張を通して、Banfield が言いたかったことではなかったのだろうか。

　ところで、哲学者 Rancière は、Flaubert 以降の文学の考え方の流れを辿り、そのなかで、SIL が「もはや他者を通して一つの声を語らせるためではなく、声のいかなる痕跡も消し去るために」使われているとしている（Rancière 1998: 114）。Rancière の言葉を用いれば、それは SIL を、発話での「声の消滅」、「もの言わぬ言葉 (parole muette)」として捉えることである。もしそれを声というのなら、それは、沈黙の声、声ならぬ声ということになるだろう。本稿の狙いは、すでにいろいろなかたちで述べられてきた、この非人称の声が Flaubert の具体的なテクストにどのように現われているかを検討することであった。SIL には情動がこめられているとしても、それは言葉を発することによって受け手に向かって何かを訴えかけようとしているわけではない。SIL が効果を発揮しているとき、沈黙を通して、読み手に何かの声が響いてくるのである。

5 「語る」と「見る」

5.1 見ること

　今まで述べたことを繰り返せば、SIL においては語り手はいず、意識が、語り手の再現という媒介を経ず、受け手を想定しないで直接に表出されている。SIL はまぎれもなく発話行為によって生み出されるのだが、そのとき読み手は、語り手によって語られているのを「聞く」というより、意識の直接の表出に、その現われに立ち合っているような体験をしているのである。

　ここで語りの発話における「知覚」が問題になってくる。Banfield は、SIL を「表出された言葉と思考」と規定したが、その「思考」の内容は、「反省的意識」から「非反省的意識」の典型とされる知覚にまで広がっていく。しかし知覚を思考とは言いにくいとすれば、それを SIL に含めにくいかもしれない。とはいえ、SIL を「非反省的意識」の表出として捉えると、知覚もその一つと考えることもできるのである[21]。そこでこれから、知覚がどのように現われるのかを見ていくことになる。それにあたって、議論を簡単にするために知覚を視覚(「見る」)で代表させて論を進めていく。そうすると、語ること(声)と見ること(視線)の関係が問題になる。とはいえ、ここで「見る」というのはあくまでも、語りの効果であり、あくまでも比喩だということは強調しておきたい。

　そこで、SIL での、思考に準ずると考えられる知覚の例を見てみよう。

(10) 　　Elle se rassit et elle reprit son ouvrage, qui était un bas de coton blanc
　　　　où elle faisait des reprises ; elle travaillait le front baissé ; elle ne parlait
　　　　pas, Charles non plus. L'air, passant par le dessous de la porte, poussait
　　　　un peu de poussière sur les dalles ; il la regardait se traîner, et il entendait
　　　　seulement le battement intérieur de sa tête, avec le cri d'une poule, au loin,
　　　　qui pondait dans les cours. Emma, de temps à autre, se rafraîchissait les
　　　　joues en y appliquant la paume de ses mains, qu'elle refroidissait après cela
　　　　sur la pomme de fer des grands chenets. 　　　　(*Madame Bovary*, 70)

　　　　エンマはまた腰をおろして縫い物をつづけた。白木綿の長靴下をつく

ろっているのだった。彼女はうつむいて針を運んだ。黙っていた。シャルルも黙っていた。<u>ドアの下から吹き込む風が石畳の上にかすかなほこりを立てた。シャルルはそのほこりが床を走るのを見ていた。</u>彼の耳には、こめかみが脈を打つ音と、遠くの庭先で卵を産む雌鶏の鳴き声しか聞こえなかった。エンマはときどき両方のてのひらを当てて頬を冷やし、それからこんどはそのてのひらを大きな薪掛けの鉄の頭で冷やすのだった。

(『ボヴァリー夫人』、38頁)

　シャルルとエンマが出会った頃の二人の会話の様子が描かれている場面である。ここにはふつう SIL と見なされるような文はない。二重下線の部分では、「シャルルは〜見ていた」、「彼の耳には〜しか聞こえなかった」とあって、この場面が、シャルルの眼に映ったエンマの姿やそのときの光景、彼の耳に届いた音として描かれていることがわかる。しかしその前後の下線部は、「〜は見た」、「〜は見ていた」といった導入節はないが、前後の流れからして、明らかにシャルルの眼に映った光景だということがわかる。ここではエンマは黙っているが、シャルルも何を考えているのかはまったく語られない。にもかかわらず、「ほこり」とか、細かな彼女の仕草に眼が奪われているところから、彼がいわばそれらに見（魅）入っていることがはっきりとわかる。このように、ここにシャルルの意識を読み取ることができるとすれば、下線部は SIL の一つとして分類することも可能である。微細な細部に眼が向けられているが、何かを知ろうとして眼を凝らしているわけではない。思わずわけもなく眼がいってしまっているのである。これがシャルルの視点からなされていることは、物語の展開という点では重要である。彼がエンマに惹かれていることが明白であり、それによって二人は結婚に至るという流れができるからだ。にもかかわらず、誰の視点かという関心を超えてしまうものがここにはある。それは、「ほこり」といった、物語の流れからすると無意味に思える事物や出来事に眼が向けられているところにも現われている[22]。物語の流れから一瞬逸脱して、そこに読み手を解放させる空白が生じているようなのだ。

　ところで、すでに紹介したように、20世紀文学においてしばしば、言葉

によって沈黙が表現されていると言われてきた。Genette は「フローベール
の沈黙」という論文で、Flaubert の小説でどのように沈黙が表現されている
かを分析している[23]。(10)では二人が沈黙していることがしるされている。
だが、ただ黙っているというのではなく、何かを見ている。何かを見ている
といっても、特別何かを注視しているわけではない。重要なのは、見ている
対象ではなく、見ているということで現われる沈黙、対象の無、空白なので
ある。視覚の対象が重要なのではなく、見るともなしに何かが眼に入ってく
るということ、何げなく何かを見ていることから醸し出される雰囲気が重要
なのだ。この沈黙は、二人にとってそれ以上なにも必要としない充実した沈
黙である。シャルルは陶然となっていて、これを言葉にして誰かに伝えよう
という気はまったく起こっていない。その点で、これもまた、非反省的意識
の直接の表出と言うことができる。そしてそれによって文体論的効果がより
顕著になるとすれば、人物の知覚の描写も SIL に含めることが可能になる
だろう。

　強調しておきたいのは、ここでの沈黙は、エンマ、そしてシャルルという
作中人物の沈黙にとどまらないということである。作中人物の沈黙と同時
に、書き手の沈黙、そして読み手の沈黙という面に注意を向けなければなら
ない。書き手と読み手はともにその場に立ち合って、シャルルの見ている光
景に黙って見(魅)入ってしまうのである。このとき書き手は、ふつうの意味
では話してはいないということである。すなわち、受け手に直接向けられ
た、何かを求めているような発話のようではない。読み手のほうも、それへ
の反応を求められてはいず、出来事へ関与していないために、ある種の傍観
者のようなポジションに身を置いている。だが、単なる傍観者ではない。そ
の光景に惹かれて一時的にせよ釘づけになっているからである。

5.2　見ることと語ること

　ただ、ここで「見る」という行為に二種類あるということを付記しておき
たい[24]。すなわち、一方に、意識的に、関心＝利害(intérêt)をもって特定の
対象を注視するときがある。そのとき、「見る」は主観的であり、そこには
人称的な性格が現われる。それに対して、ものが向こうから眼に飛び込んで

くる、あるいは、すでに触れてきたことだが、ものに見（魅）入ってしまうというかたちで見ることがある。そのとき、これが特定の誰かの視線であるとしても、それはもはや主観的ということはできない。それは、「わたし」の制御の外に身を置くという体験である。とすれば、語りにおける「見る」という行為はどうなるのだろうか。

　ここで「見ること」と「語ること」との関係が問題になる。何よりも、語るためには、一瞬であれ、見ているものから離れなければならない。話モードにおいて、見たものを話すという場合、過去に起こったことをあくまでも過去のこととして話す。しかし見ているときには語ることはできない。見たものを事後的に話す、語ることはできるが、見ているときには話したり語ったりすることはできない。いくら現場の実況であっても、見ること語ることのあいだにはわずかであれ、時間のずれがある。過去を振り返って「語る」のは反省的になされる行為だからである。「反省」的なものはそのずれから生み出される。しかし、そのずれは単に時間的なだけではない。見たことを後で話すというのは、すでに受け手への働きかけがあるのだ。また、話しているときには見ることはできない。したがって、見ている本人は語ることができないので、見られているものの描写は本人ではなく、しばしば語り手に帰されるのである。

　さらにまた、実況中継などの場合、見る前から、見ようとしているものを特定していて、それを語ろうとしている。「見る」といってもこれは、いま述べた二種類の「見る」のうち最初のケースである。しかし、「見ている」とき、とりわけ眼に何かが飛び込んできたり、眼が何かに吸い寄せられているようなときには語ることを考えてはいない。その光景に囚われていて、それに言葉を与えようなどとは考えないからだ。したがって、「見（魅）入っている」かのように語るというのは、現実ではありえない事態を実現することになる。このように考えてくると、非反省的意識が明瞭なかたちで現われるのは、このように受動的なかたちで見ているときである。そのとき語り手は退き、見たものを描写しているというより、ただ見ているということのほうに重点が移っている。読み手も語られている声を聞いているというより、ただ黙って、言葉が描き出す世界を息を呑んで見ているのである。非反省的意

識の表出とは、読み手からすると、何かが直接的に現前してくるというということである。非反省的意識が重要なのは、それによって、語り手という媒介の声が消え、非人称性がよりはっきりしてくるからである。(10)の例はそのようなケースだ。書き手自身が読み手に何かを伝えようとするより、見（魅）入ってしまっている。読み手も同じであり、それは、物語を駆動する、このあとどうなるのかという関心が一時的に霧散してしまうときである[25]。非人称性とは、誰の発話かわからないというより、誰の発話かを問う意味が失われるようなときの主体のありようと言えるかもしれない。

5.3 フィクションの発話行為

　それは、話モードではありえない発話形態である。だからこそ、見ているように語るというのは、このフィクションの語法でしか語られえないのである。こうしたフィクションの言語独特の語法は、たとえば、過去でありながら、「いま」を表わす副詞と共起するところに現われている。読み手は、物語のディスクールにおいてはそのことに違和感を覚えないのだ。「意識自体が物語っているように」という言い方をしたが、それが奇妙なのは、見ているときは語れないのにもかかわらず、それがあたかも可能であるかのように語られているという、こうした「話モード」ではありえない事態を言い表わしているからである。

　ここで現われているのは、単に現実世界と区別された、描かれる物語世界におけるフィクション性、物語の内容のフィクション性ではなく、語りそのものが生み出すフィクション性である。SIL においては、「彼（女）は〜と言った」という導入節を省くように、「彼（女）は〜を見た」を消去するわけだが、それは、「見たことを語る」、「見たと語る」のではないことを示している。導入節の消去は、このような直接性の効果をもたらしている。このように、意識自体が語っているということ、見ることが自動的に語ることになるという、話モードではありえない事態が、フィクション世界の語りモードでは可能になっている。繰り返せば、SIL では、「話モード」でのように、語り手が作中人物の意識を報告しているのでないだけではなく、人物自身も自分の心のうちを吐露しているわけでもないということなのだ。これが、Banfield

がフィクションでの SIL を「口では言えない文」と規定したことの意味である。SIL では、見たことを語るのとは違ったかたちで語られているという効果が生まれている点に着目したい。こうしたところから、なぜ、SIL が単なる話法の問題、語法の問題におさまらないで、フィクションの言語の根幹に関わる問題として浮上してきたのかが見えてくる。

5.4 見ることとリアル

　次に、書き手と読み手にとって「見る」ということがどういうことかを、Auerbach が『ミメーシス』のなかで精緻な分析を行った、名高いエンマと夫シャルルとの食事の場面をとおして考えてみたい。

(11)　　Mais c'était surtout aux heures des repas qu'elle n'en pouvait plus, dans cette petite salle au rez-de-chaussée, avec le poêle qui fumait, la porte qui criait, les murs qui suintaient, les pavés humides ; toute l'amertume de l'existence lui semblait servie sur son assiette, et, à la fumée du bouilli, il montait du fond de son âme comme d'autres bouffées d'affadissement. <u>Charles était long à manger[1]</u> ; <u>elle grignotait quelques noisettes, ou bien, appuyée du coude, s'amusait, avec la pointe de son couteau, à faire des raies sur la toile cirée.[2]</u>　　　　　　　　　　(*Madame Bovary*, 120)

（　しかし、日常わけてもエンマに我慢がならなかったのは、階下の広間での食事時だった。ストーヴはくすぶり、ドアはきしみ、壁は汗をかき、石畳はじとじとしている。〔彼女には〕生活の苦い味わいがそのままそっくり自分の皿に盛られているように思われた。そして蒸し肉の湯気にまじって、もうひとつのむかつくような息吹が彼女の魂の底から立ちのぼった。<u>シャルルはいつまでも食べている。[1]</u>エンマは榛の実をかじったり、食卓に肱をついて、手持ちぶさたなままに、ナイフの先で蝋びきのテーブル掛けの上に筋をつけたりした。[2]）　　　　(『ボヴァリー夫人』、103 頁)

　ここには何の会話もない。「エンマに我慢がならなかったのは」とか、「むかつくような息吹」、そしてまた「生活の苦い味わい」といったかたちでエ

ンマの思いが説明されている。しかし、この一節に見られる部屋の描写と彼女の態度をこうした説明に還元して終わりにすることはできない。ここで明瞭に感じられるエンマの夫に対する耐えがたい思いは内話のかたちで表現されているわけではない。また、（7）の例のように、彼女の情動が SIL で直接的に表わされているわけでもない。とりわけ注目したいのは下線部である。下線部1）にはエンマの視線が強く感じられる。原文は半過去だが、訳は現在形になっていて、SIL と地続きの知覚として解釈している。下線部2）では、原文は 1）と同じ半過去だが、1）とは違って過去形で訳されている。その箇所は匿名の存在の眼を通してエンマが外から見られているためである。直接エンマの意識に入っているわけではないのだから、ここに SIL を読むことは難しい。おそらく訳者もそう考えて過去形にしたと思われる。こうした描写は一般的に語り手が見ているとされる箇所であり、そのことを否定することはできないだろう。だが、これを見ているのが語り手とか書き手といっても、それだけでは説明にならない。その視線は何なのかを問わなければならない。

　Auerbach は、エンマの置かれている状況を熱っぽく説明している。そのなかで何よりも、Flaubert が、「心理解剖」などはせず、「即物的な厳粛さ（sachlicher Ernst）」をもって、「事物そのものに語らせて（die Tatbestände reden läßt）」（Auerbach 1946: 457/246）いる、あるいは「事物そのものが語る（die Dinge selbst sprechen）」（458/247）ような文体をつくりあげていると述べていることに注目したい。それは、エンマの振舞いが徹底的に外から即物的に描かれていて、語り手が口を出さないということである。ここには、彼女のすぐそばで見ている匿名の視線が感じられる。しかし「即物的」とされる外面描写を単に客観的というわけにはいかない。そこにはエンマの情動がはっきりと表出されていて、それに感応するある主観性が現われているからだ。Auerbach は、二人は孤独なのだが、孤独という意識がない（456/245）と言っているが、そのとおりである。ところが彼は、エンマがそれを表現するための知性を欠いていて、語り手が彼女の代わりに表現していると説明している。蓮實が批判しているように、この説明は間違っている（蓮實 2014: 511-512）[26]。ここで重要なのは、エンマに自分で気持ちを表現するための能

力がないということではない。また、語り手がエンマの気持ちを代弁しているのでもない。そうではなく、彼女の意識が、普通の発話行為においては言い表わしえないものとして表現されている、ということなのである。エンマの孤独の切実さは、少なくともこの瞬間だけにせよ、自分の思いを誰かに訴えかけ、聞いてもらおうとも思っていない状況、吐露することさえ考えていない状況に彼女が置かれているということから生み出されている。このことは重要であるように思われる。そのようなことをしてもどうにもならない状況であり、そのことを受け入れて黙っていることを示しているのだ。エンマは、自分が誰かに見られていることを意識していない。逆に、発話しえないがゆえに現われる彼女の振舞いには単なる「生活の苦い味わい」を超えた情動が感じられるのである。それによって、夫婦間に開かれた亀裂は決定的なものとして提示され、彼女の孤独が純粋なかたちで伝わってくるのである。

　ここでは、「意思の疎通が全くないので、いさかいにもならないし、口論にもならない。公然とした対立はない」（Auerbach 1946: 456/244）。そのためのどうしようもなさから生じるエンマの「つかみどころのない無形の悲劇」、「悲劇的あるいは喜劇的なもの」が読み手の前に展開されるのである（455/247）。彼女の置かれている状況は喜劇的だが、同時に、「喜劇の主人公となるためには、彼女はあまりにも運命のもつれにかたく捉えられている」（457/246）のであり、それが悲劇的な面をもつことになる。それが Auerbach の言う「厳粛さ」だと言えるだろう。

　さらに Auerbach は、「現実の素材の中に没我的に身を置けば」、「素材が作者を完全に満たし、作者は忘我状態となり、作者の心臓は、もはや他人の心臓の鼓動を感じるためにしか働かない」（454/242）と書く。作者（書き手）はみずから姿を消して対象そのもののなかに入っているのである。この点に関して、補足しておきたい。エンマと夫のシャルルのあいだには深い亀裂が穿たれている。だが同時に、エンマと、書き手や読み手とのあいだにも、シャルルとのあいだのものとは別の越えがたい溝がある。(11) の下線部のうち2)の箇所は、外からの語りによってなされているが、それはここでも、高みから冷徹に俯瞰するような全知の語り手のものではなく、つねに人物のすぐ近くに寄り添っている語りである。だからといって、エンマに同一化してい

るというわけではなく、書き手や読み手も、この女主人公のすぐ脇に身を置いていながら、彼女とのあいだのいわば透明な壁を前にして沈黙しているしかない存在なのだ。だが、書き手も読み手も、エンマから隔てられているといっても、ただ彼女を見ているといっても、単なる傍観者ではない。ここでも読み手は、孤独なエンマの姿に釘づけになっているのである。隔てられているということを鋭く意識させられていることによって、逆にその光景が即物的なものに、リアルなものとして現われてくる。リアルとは、読み手を、その光景のどうしようもなさに圧倒され息を呑んで見守るしかない状態に置くことから生じてくる[27]。そして、そのことによって逆に、その情動が直接的に読み手に響いてくるのである。冷徹な視線がエンマに注がれているが、読み手は、夫の無理解のために彼女に同一化し、同情するようにも、また逆に、彼女の自分勝手を批判するようにも仕向けられているわけではない。

　エンマはこのとき自分の振舞いを反省的に捉えてはいない。だが、エンマは、物語のこの時点で自分の仕草をはっきり意識していなくても、後になって思い出すことは十分にできるはずである。すなわち、ここにも彼女の非反省的意識を読み取ることができる。エンマは後になってそのときの自分の振舞いを誰かに語ることはできるだろう。しかしおそらく彼女はそれを口にしないし、それどころかそれを忘れてしまっているだろう。そうしたありようが彼女の生の悲劇的なリアルを構成することになるのである。

　(10)においては、シャルルの視線をとおして、彼の充実した沈黙というのが描かれていた。しかし、ここにある沈黙は、どうにもならない情動に彩られている。エンマの意識は直接描かれてはいない。Auerbach の言うように「心理解剖」などなされない。下線部 1) の部分は、明らかに彼女の視線が感じられる。それに対して下線部 2) においては、ただ外から見られた彼女の振る舞いだけが描かれている。内面が描かれていないだけいっそう彼女の無言の思いが切実に読み取れるのだ。たしかにここまで来ると、この事態は、「意識の表出」という言い方でも十分に言い表わせないかもしれない。そうすると、SIL からはかなり離れてしまっていると言わざるをえないかもしれない。にもかかわらず、彼女の眼に映る部屋の描写も、彼女自身の仕草の外からの描写も、一続きの切れ目のない流れとして自然に読み進むことができ

るのだ。だとすれば、ここは全体が半過去で一貫していて、どこまでが語り手の声なのか、どこからがエンマの声なのか、すなわち、どこまでが SILかを詮索することはもはやほとんど意味をもたなくなってくる。両者の境界を曖昧にする SIL の使用はこのようなかたちで他に波及していくのである。

5.5　非人称的なカメラの眼

　語り手の存在を示す主観的なしるしが見つからない場合には、読み手は語り手の存在を意識してはいない。SIL においても、読み手は、語り手が見た作中人物の様子を語るのを聞いているという感覚はほとんどない。高みから俯瞰しているような全知の語り手は消えていて、読み手自身もその場に居合わせて、間近から透明人間のようにその光景を見ているというふうなのである。(11)の例でも、書き手と読み手は、そのような匿名の眼に自らを重ね合わせるようにしてエンマを見ているのだ。

　ここで映画のカメラの比喩に触れなくてはならない。身近に身を置きながら、語っていないかのように語るということ、それはカメラが見ているように語るというふうにも言える。SIL では語り手はいず、意識が直接に表出されているという Banfield の主張は、このことを述べていると考えられる。実際 Banfield も、器械のカメラの眼によって説明を行い、また Deleuze の『シネマ』に言及しているのである[28]。ただし、その器械の眼の背後に身を置いて、その光景をのぞいている人物のことを考える必要はない。語り手という人間の眼ではなく、匿名の、中性的な、非人称的な視線に徹した眼をカメラの眼と言っているように思われる。このカメラのように黙って見ている存在を「語り手」と呼ぶことに抵抗を感じるのは、このような存在と、語りの途中で口を差し挟む語り手を同列に扱うことはできないからであり、そのために、それを用語の上でも区別する必要があるからだ。しかし非人称だからといって、それは単に器械的な眼ではなく、そこには情動がこもっていることを忘れることはできない。

6　心の内と外の境界の曖昧化

　内話、夢想、実際に口にされた言葉、そして最後に SIL をはみ出るかも
しれないがその延長線上にあるものとして知覚の例を検討してきた。しか
し、そうした区分は、SIL においてはあまり重要ではないように思われる。
そうした様々な面の多くは弁別できるだろうが、それらを区分することが大
きな意味をもたないように思われてくるのである。繰り返してきたように、
それらは連続的になっていて、その境界の曖昧さにこそこの文体の特徴が現
われるからだ。

　これまで半過去という時称で表わされるとされる SIL の発話、すなわち、
「表出された言葉と思考」、そしてそれを拡げた「表象された知覚」を取り上
げてきた。Banfield 自身は、SIL は半過去に限られるとして、単純過去によ
る純粋な語りを SIL の考察から外している。しかし以上の考えを拡張すれ
ば、単純過去による、語り手のいないような語りの部分も SIL とまったく
無関係ということにはならないだろう[29]。というのも、半過去は語り手とは
違った主体の意識を表わすのに対して、単純過去の語りは語り手に帰される
というふうに簡単に仕分けできないのである。SIL で明らかになってくる非
反省的意識の現われは半過去の文からその外へと波及し、単純過去で代表さ
れる語りにも浸透していくからである。(7) の「音楽をやめてしまった」と
いうきわめて素っ気ない単純過去の文においてさえも、エンマの思いが客観
的に表わされていると言ってすますわけにはいかない。逆にその素っ気なさ
によってエンマに託されている書き手の情動を読み取ることができるから
だ。SIL で明白になったそうした意識の現われは物語のディスクール全体に
効果をもたらすのだ。ここまで来ると、単純過去の場合にそれを SIL と呼
ぶことができるかどうかは二次的なことのように思えてくる。

（12）　　Elle se plaignit d'éprouver, depuis le commencement de la saison, des
　　　　étourdissements ; elle demanda si les bains de mer lui seraient utiles ; elle
　　　　se mit à causer du couvent, Charles de son collège, les phrases leur vinrent.
　　　　Ils montèrent dans sa chambre. Elle lui fit voir ses anciens cahiers de

musique, les petits livres qu'on lui avait donnés en prix et les couronnes
en feuilles en chêne, abandonnées dans un bas d'armoire. Elle lui parla
encore de sa mère, du cimetière et même lui montra dans le jardin la plate-
bande dont elle cueillait les fleurs, tous les premiers vendredis de chaque
mois, pour les aller mettre sur sa tombe.[1] Mais le jardinier qu'ils avaient
n'y entendait rien ; on était si mal servi ! Elle eût bien voulu, ne fût-ce au
moins que pendant l'hiver, habiter la ville, quoique la longueur des beaux
jours rendît peut-être la campagne plus ennuyeuse encore durant l'été[2] ;
— et, selon ce qu'elle disait, sa voix était claire, aiguë, ou se couvrant de
langueur tout à coup, traînait des modulations qui finissaient presque en
murmures, quand elle se parlait à elle-même, — tantôt joyeuse, ouvrant
des yeux naïfs, puis les paupières à demi closes, le regard noyé d'ennui, la
pensée vagabondant.　　　　　　　　　　　　（*Madame Bovary*, 70–71）

（　彼女はこの春先から眩暈がすると訴え、海水浴はききめがあるでしょ
うかときいた。彼女は尼僧院の話を、シャルルは中学の話をはじめた。い
つしかふたりとも楽に話せるようになった。二階の彼女の部屋へ行ってみ
た。彼女は昔の楽譜のノートや、褒美にもらった小さな本や、足付き箪笥
の下にほうってあった柏の葉の冠などを見せた。また母親の話から墓地の
話になると、庭の花壇を指さして、毎月第一金曜日にはあの花を摘んで母
のお墓へ供えに行くのですと言った[1]。でも、うちの庭師ときたらまるき
り何もわからない男で、それはひどい仕事ぶりなの！　せめて冬のあいだ
だけでも町へ行って住みたい、もっとも、かんかん照りのつづく夏場のほ
うが、かえって田舎暮らしは退屈かもしれないけれど[2]。――話すことが
らに応じて、彼女の声はあるいは澄んで鋭く、あるいは急に物憂げにかげっ
て、抑揚を長くひいた。ひとり言のように話すときなどは、その抑揚もほ
とんどつぶやきのようになっていった。――ときにはあどけない目をみは
るようにして、うきうきと楽しげに、ときには瞼をなかば閉じ、眼差はけ
だるげに、とりとめなく思いを馳せるふうだった。）

　　　　　　　　　　　　　　　　　　（『ボヴァリー夫人』、38–39 頁）

ここは、(10) の引用のすぐ後の一節である。下線部 1) は直訳だと「彼女は彼に〜について話した」というかたちで始まる間接話法だが、エンマの言葉が和訳では、かなり構文を変えてある。和訳では「彼女は彼に〜について話した」が最後に「〜と言った」となっている。そこでは、エンマの一つひとつの言葉に焦点を合わすことなく、話の内容を要約した形で語られる。黙りがちだったエンマとシャルルはだんだん「楽に話せるように」なってくる。そうした流れのなかで、下線部 2) の SIL が自然なかたちで続く。間接話法になっている下線部 1) では、より距離をもって彼らが見られている印象になる。SIL の下線部 2) でも、エンマの言葉そのものと思しきものも見受けられるが、そうした言葉は他愛のないもので、とりたててとりあげるほどのことはない。そこには、ひとつの発話いかんでその後の展開が変わってしまうような深刻で緊迫したもの何もない。その一つひとつの言葉に真剣に応答する必要はほとんどなく、ただ相槌を打っているだけで十分な発話なのである。そこは SIL になっているが、直接話法のようになまの言葉をそのまま再現していないので、言葉の一つひとつが他から浮き出ることがなく、少し離れたところから、言葉が何か濾過したようなかたちで、そっと響いてくるような印象がある。そのために、読み手は何よりも、二人の話を聞いてその内容を知るというより、二人を浸している親密な雰囲気をより強く感じ取るのである。そして、この雰囲気のなかに SIL によるエンマの言葉も溶け込んでいる。

　ここではシャルルの言葉はほとんど語られず、ひたすらエンマの言葉や話し方、話しているときの様子だけが描かれ、そこにシャルルの視線を感じることになる。それによって、そこで醸し出される雰囲気にシャルルが陶然となっているさまが読み取れるのである。そして、読み手もエンマの言葉に聞き入り、その様子に見（魅）入っているシャルルと同じ位置に身を置くことになる。

　さらに、こうしたディスクールの流れのなかで、二重下線を引いた単純過去での語りの部分も、外からの語りというより、シャルルの目に映った光景のようにも見えてくる。ここには、出来事が次から次へと起こり、その後どうなるかという関心を喚起するようなものはない。行為はあっても物語の展

開はなく、休止している。このような状況においては、半過去の文のみならず、単純過去の文までも、映像的なものになってくる。ここではもはや、単純過去による地の文も Benveniste の規定するような純粋な「語り」ではなくなっているのだ。いわば、単純過去の語りにも、SIL や他の半過去の描写との干渉によって、ある情動を伴った眼が感じられるようになるのである。とはいえそれをもはや単に主観的と言ってすませるわけにはいかない。というのも、シャルルの眼を通して見られた光景というより、シャルルという作中人物を超えた眼に読み手は自分を重ねているからである。すなわち、(10)の例にも見られたように、読み手には、シャルルの存在はいわば透明な媒体のようになり、彼の眼に映った光景という意識がなくなっているのである[30]。

　こうして、三人称・過去形の語りは Flaubert に至って、単純過去による出来事の純粋な語りから SIL や知覚に至るまで、多様性を保持しながら、はっきりした継ぎ目のない文体を生み出している。ここでは、語り手が作中人物の意識、すなわち、言葉や思考や知覚を再現、報告するというのではなく、また、作中人物自身が話モードで自分の考えたこと、見たことを再現、報告するのでもない。語り手を通さないで表出されたような意識が現われているのである。それは語り手の声でないのと同時に作中人物の声でもない。そうすると、もはや誰が言っているのかとか誰の視点かということが必ずしも重要でなくなる状態が生まれる。そのとき、読み手は特定の作中人物でも語り手でもなく、匿名の主体に自らを委ねるのである。そして、そのことによって一時的にせよ、自己から脱け出てしまうのである[31]。

　これが、単純過去の語りに埋め込まれた三人称・過去形の SIL が生み出した語りの形態だと言える。読み手は、エンマやシャルル自身がそのときに意識していないような非反省的意識の現われに接し、その悲痛な叫びを聞くというより、声にならない沈黙の声を聞くと言えるかもしれない。(10)や(12)の例でわかるとおり、シャルルは無言のときが多い。それに対して、エンマは夢を描き、彼女の耐え難い思いが典型的な SIL で表わされているような箇所が少なくない。しかしその場合でも、読み手にとってその声は直接に自分に向けられた訴えかけの声ではなく、その強度のもつ衝撃を感じ取ることを求められている声なのである。

7 新たなヴィジョン

　ところで、Proust は Flaubert における半過去の革新的な使用について語った。Flaubert の半過去の文では、「ものも人間と同じくらい生命をもっている」(Proust 1971: 588/218) と同時に、「人間も切れ目のない同質なこのヴィジョンのなかで、まさにもの以上でも、さりとてもの以下でもなく、「描写すべき一つの幻想」となって」いると言うのである (589/220)。すなわち、ものが生きているように描かれると同時に、人間もものように描かれることを強調している。また、Flaubert 以前は「行動」であったものが「印象」になっている (588/218) とも言っている。人物の行動も、それによって物語がどう展開するかではなく、ものと同列に並べられて、それが読み手にとって「印象」になるということである。別の箇所では、人物の「行動」もその「動機」など語らず、「まるで日没を描写してでもいるかのような、もはや意図などひとかけらも隠し持っていなさそうな一枚の絵」としてしまう (300/185) とも説明している。そのとき、「描かれる対象が人間の場合でも、ひとつの物体として認知されるため、その姿 (ce qui en apparaît) は意志が生み出したものとしてではなく、おのずから現われてくる (apparaissant) ものとして描かれる」(299/185) ことになる。さらに Proust は、「事物が姿を現わすときの実在感 (réalité de leur apparition)」(299/185) の重要性を語っている。こうした「現われ」が「実在感」を生み出すのである。これは、(11) の例に見られる、Auerbach の「即物的」と呼応するだろう。ここで Proust が何度もこの「現われ (apparition)」、あるいは「現われる (apparaître)」という語を説明に用いている点に注目したい。これまで、Banfield の representation を「表出」といささか強引に訳してきたのは、Banfield の用いるこの語の「現われ」のもつ「実在感」を強調するためであった。

　Proust が強調している半過去という時称の問題に戻れば、彼は、「その一部は作中人物の言葉から成っており、Flaubert は会話の文が地の文にとけこむように、通常、間接話法でこれを伝えている」(590/220) と書いている。この「間接話法」は SIL のことと考えられるが、Proust は SIL を広範な半過去の使用法の一つとして考えていて、SIL だけを特別に扱っているわけで

はない。「会話の文が地の文にとけこむように」と彼が言うときの「地の文」が具体的にどこまでを指して言っていたのかははっきりわからない。「地の文」の原語は、作中人物の言葉以外の「残り (le reste)」という語だが、そこに単純過去の語りまで含めていないとは言えない。なぜなら、人物の行動も「絵」となるという例として、単純過去で描かれるエンマの行動が挙げられているからである (300/185)。(12) の引用は、そうした箇所の一例と考えることができるだろう。

Proust は Flaubert の「主観主義」(589/218) と言っているが、「印象」は向こうからやってくるものと関わるのであり、ある主体の発話に帰属させるわけにはいかない非人称性をもっている。Proust はここで Kant のコペルニクス的転回を引き合いに出しているが、少し大げさに言えば、そこでは主観と客観を峻別する十九世紀的な知の枠組からの認識論上の大転換が実践されているのである。そこにあるのは、Proust の言葉によれば、「統辞法による」「世界についてのヴィジョンと世界を表象する仕方においての革命」(299/185) なのである[32]。SIL はそうした Flaubert の文体を構成する一つにすぎないかもしれないが、同時に、その重要な要素であることも間違いない。その効果は、一般に SIL と認められる文の枠内にとどまらず、語りのディスクール全体に広く波及していくのである。そのために、この語法がその後の小説の文体に大きな影響をもたらしたと言えるだろう。それがどのような新たな文体論的な効果を生み出すのかは、Flaubert だけではなく、その後の作家の例を検討することによって明らかにする必要があるだろう。

付記

本稿は、ほぼ同時期に執筆した「語りの言語とは何か？—自由間接文体から出発して」(赤羽 2016) と、重点の置き方に多少違いがあるものの共通のテーマを扱っていて、重なる部分も少なくない。そちらも参照していただければ幸いである。

なお、本文中での頁数の参照指示は、邦訳のあるものについては、原文、邦訳の順で行った。

注

1 1880 年代から始まる、ドイツの Tobler、Kalepky、Lorck、Lerch と Bally の考え方については、バフチン(1989)や、Philippe(2002: 68–81)、Reggiani(2009: 122–154)を参照のこと。

2 Philippe(2002, 2004)、Reggiani(2009)、吉田(1999)を参照のこと。

3 Kuroda は日本語の例を挙げて SIL に関する示唆的な指摘を行った。Kuroda の論がどのようなものであるか、そして、Banfield が、Kuroda を受け継いでその考え方をどのように展開していったかについては、赤羽(2016: 346–354)で簡単に辿った。

4 Banfield の用いている represent という語については、赤羽(2016: 350, 362–363)も参照のこと。

5 Banfield(1982: 122–139)を参照のこと。

6 Authier は、「他者の言葉を報告する」というより、「言語行為を報告する」と言っている(1978: 48)。

7 この問題に関しては、Ducrot(1984: 120–123)、また、赤羽(2001: 39–41)を参照のこと。

8 たとえば、Vuillaume(2000: 107)。

9 たとえば、Vetters(1994)や Vuillaume(2000: 107)を参照のこと。

10 「IL(自由間接語法)は物語のもっとも重要な内的境界、語り手のディスクールと作中人物のディスクールの境界を破壊するのである。」(Gothot-Mersch 1983: 209)

11 ただ、ここで規定する「語り手」が「話モード」の「話し手」とまったく同じかどうかはさらに検討が必要だろう。

12 Benveniste も、比喩が入ると、そこに比較(たとえ)を行なう存在、すなわち語り手が姿を現わし、それはただちに「語り」ではなく、「話」になることを指摘している(Benveniste 1966: 116–117/98)。

13 この「自然と浮かんでくる(spontaneous)」については、赤羽(2016: 348)を参照のこと。

14 蓮實が指摘しているように、オメーとか、エンマの愛人の言葉は多く直接話法で表わされている。その凡庸な長々しい演説はそのまま、直接話法で表わされている。そこには、イロニックな面が強いように思われる。ところが、エンマやシャルルの場合はそうではない。それは、書き手が彼らと分かちがたく結びついているからである。もちろん、これは厳密に区分できるわけではなく、一般的な傾向でしかないが、SIL がどのようなときに効果的かということを考える際には参考になるだろう。

15 前半部は赤羽(2016: 354–355)で分析した。

16 19 世紀末から 20 世紀初頭に現われてくる内的独白という話モードの語りについては別に論じなければいけない問題である。Dujardin(1931)、Jenny(2002)、岩崎(1978)を参照のこと。

17 この区別については、赤羽(2016: 361–364)を参照のこと。

18　物語論においても、Dorrit Cohn がその流れのなかで論を立てている。そしておそらく「視点」、さらには「焦点化」という観念が生まれてきた素地がここにある。Banfield 自身も「意識の流れ」について触れている（1973: 29/211）。蓮實は、Banfield の「表象された言葉と思考」の考え方も、表象主義的なものとして批判している（蓮實 2014: 254–256）。ただ、Banfield の考えが単純な表象主義ではないことは、赤羽（2016: 362–363）で簡単に触れた。この点に関しては、注 26 も参照のこと。

19　ただ、SIL の場合においてもイロニーが読み取れる場合がある。その場合には二重の声を聞きとることができよう。しかし、それは SIL とは少し別の問題であろう。

20　「語り手の声」と区別された「語りの声」については、Blanchot（1969: 556–567/219–228）を参照のこと。そして、Banfield もそれに言及している（Banfield 1998: 134, 161, 171）。また Banfield は、Blanchot の「見ることは語ることではない」（1969: 35–45）という言葉も引いていた。さらに、Blanchot が言う「中性的」、あるいは「非人称」の問題について言及している（1987: 280–281; 1998）。この点については、注 28 も参照のこと。また彼女は「虚の中心（empty centre）」を語る（1987）が、それもこのことと深い関係がある。非反省的意識の表出が、非人称的な主体の現われだとすると、SIL のあるものはその「語りの声」に近いと言えるかもしれないが、それについては別に検討するに値する問題であろう。またそれが、物語ディスクールの「第四人称」、「不定人称」といったものとどう関わるのかも興味深い問題である（藤井 2004: 135–146）。

21　知覚と SIL との関係については、田原（2013）を参照のこと。

22　『ボヴァリー夫人』におけるこの「ほこり（塵埃）」のモチーフの重要性を、蓮實が実に緻密に分析していることは、あらためて指摘するまでもないだろう（蓮實 2014: 327–385）。

23　Banfield もこの Genette の論文に言及している（Banfield 1987: 278）。同様に Rancière も、Genette のこの論文に触れ、Flaubert 以降の文学における「沈黙」の重要性を論じている（Rancière 1998: 112–113）。

24　Virginia Woolf は、Banfield が自らの理論を展開するときの特権的な参照対象であったが、Woolf の親しい仲間であり、彼女が評伝を書いている美術評論家の Roger Fry は、「見る（see）」と「観る（look at）」という語でこの違いに触れている。これについては要（2005: 53–66）を参照のこと。また Deleuze も「感覚運動的イメージ」と「光学的－音声的イメージ」というかたちで、似た区別を行っている（Deleuze 1985: 32/27）。

25　物語を前方に駆動していく運動については、赤羽（2015: 84–90）を参照のこと。

26　蓮實は Neefs に依拠しながら、Auerbach の「写実主義的な幻想」を批判する。これは彼の、注 18 で触れた、Banfield 理論における表象主義的な面への批判と同じである（蓮實 2014: 512–513）。Auerbach や Banfield にそのようなかたちで批判されるべき面があること

は否定できないだろう。だが、そうした考え方に還元できないものを彼らがもっていて、それを明らかにするというのが本稿の狙いの一つである。本稿は、「作中人物の内面の特権化」や「心理」によって Flaubert の文体を理解することへの反論として、Banfield の、とりわけ「非反省的意識」という概念を取り上げたのである。

27　「リアル」については、赤羽（2015: 140–161）を参照のこと。

28　Banfield は、「心ももたず、身体ももたない注視（look）」を取り上げ、それが Deleuze の『シネマ』での「意識－カメラ」だと言っている（Deleuze 1983: 108–116/133–143）。さらにそれは、Deleuze の「非－人間的な眼、もののなかにあるだろうような眼の純粋なヴィジョン」（Deleuze 1983: 117/144）だとし、「主体の制御を逃れる」ものとされる。また彼女は、「見ていない眼の非人称的な凝視」というふうに様々な言い方でこの視線を説明している（Banfield 1987: 279–281）。さらにそれは、Blanchot の「中性的」ということだとも言っている（Banfield 1998: 134, 139, 171–174）。ただ、「非人称」と言っても多様でありうる。したがって、個々のテクスト細部の丁寧な検討を通して、この「非－人間的な眼」や「非人称的な凝視」がどのようなものかをより具体的に明らかにしていく必要があるだろう。

29　単純過去での SIL については、赤羽（2016: 366–371）を参照のこと。

30　蓮實はこのような、言葉を発するよりも見る存在として造形されているシャルルという人物のありようの意味について深く論じている。

31　このことは、蓮實が描く「気化」の状態（蓮實 2014: 676–679）、あるいは「希薄」な状態と繋がりがあるだろう。たとえば蓮實は、シャルルが「見ることに徹するあげくに見る主体がどこまでも希薄なものとなり、それと同時に距離もまた廃棄され、主体と対象とがほとんど同じ一つの運動のうちに溶けあっているかのように事態」（2014: 343）に立ち至っていると語っている。

32　Proust はまた、「新しいヴィジョン」（1971: 592/224）、「事物に対するわれわれのヴィジョンを一新した」（1971: 586/214）という言い方もしている。

参考文献

Auerbach, Erich. (1946) *Mimesis. Dargestellte Wirklichkeit in der abendländischen Literatur.* Tübingen und Basel. Francke Verlag, 2001.（エーリッヒ・アウエルバッハ『ミメーシス—ヨーロッパ文学における現実描写』(1967) 下巻、篠田一士・川村二郎訳、筑摩書房）

Authier, Jacqueline. (1978) Les formes du discours rapporté. Remarques syntaxiques et sémantiques à partir des traitements proposés. *DRLAV* 17: pp. 1–88. Université de Paris VIII.

Bally, Charles. (1912): « Le style indirect libre en français moderne », *Germanische-Romanische*

Monatsschrift 4: pp. 549–556 et 597–606.

Banfield, Ann. (1973) Narrative Style and the Grammar of Direct and Indirect Speech. *Foundations of Language* 10: pp. 1–39. Springer.

Banfield, Ann. (1978) Where Epistemology, Style and Grammar Meet Literary History: The Development of Represented Speech and Thought. *New Literary History*. 9 (3): pp. 415–454. The John Hopkins University Press.

Banfield, Ann. (1981) Reflective and Non-Reflective Consciousness in the Language of Fiction. *Poetics Today*. 2 (2): pp.61–76. Duke University Press.

Banfield, Ann. (1982) *Unspeakable sentences. Narration and representation in the language of fiction.* Boston: Routledge & Kegan Paul. (Banfield, Ann. (1995) *Phrases sans parole : théorie du récit et du style indirect libre*. Paris: Seuil.)

Banfield, Ann. (1987) Describing the unobserved: events grouped around an empty centre. In N. Fabb, D. Attridge, A. Durant and C. MacCabe (eds.) *The Linguistics of Writing*, pp. 265–285. Manchester: Manchester University Press.

Banfield, Ann. (1998) The Place of Maurice Blanchot. *Yale French Studies* 93: pp. 133–174. Yale University Press.

Benveniste, Émile. (1966) *Problèmes de linguistique générale 1*. 237–250. Paris: Gallimard. (バンヴェニスト『一般言語学の諸問題』(1966)岸本通夫監訳、みすず書房)

Blanchot, Maurice. (1969) *L'entretien infini*. Paris: Gallimard. (モーリス・ブランショ「語りの声」(2008)郷原佳以訳、『現代詩手帖特集 ブランショ』pp. 219–228. 思潮社)

Deleuze, Gilles. (1983) *L'image-mouvement. Cinéma 1*. Paris: Minuit. (ジル・ドゥルーズ『シネマ1運動イメージ』(2008)財津理・齋藤範訳、法政大学出版局)

Deleuze, Gilles. (1985) *L'image-temps. Cinéma 2*. Paris: Minuit. (ジル・ドゥルーズ『シネマ2時間イメージ』(2006)宇野邦一他訳、法政大学出版局)

Ducrot, Oswald. (1984) *Le dire et le dit*. Paris: Minuit.

Dujardin, Edouard. (1931) *Le Monologue intérieur*. Paris: Messein.

Genette, Gérard. (1966) *Figures I*. Paris: Seuil, «Points ». (ジェラール・ジュネット「フローベールの沈黙」(1991)『フィギュール I』花輪光監訳、水声社)

Genette, Gérard. (1972) *Figures III*. Paris: Seuil. (ジェラール・ジュネット『物語のディスクール』(1985)花輪光・和泉涼一訳、水声社)

Gothot-Mersch, Cl. (1983) La parole des personnages. In G. Genette et al. (dirs.) *Travail de Flaubert*. pp. 199–222. Paris: Seuil, « Points ».

Jenny, Laurent. (2002) *La fin de l'intériorité*. Paris: PUF.

Lips, Marguerite. (1926) *Le Style indirect libre*. Paris: Payot.

Pascal, Roy. (1977) *The Dual Voice : Free Indirect Speech and its Functions in the Nineteenth-Century European Novel*. Manchester: Manchester University Press.

Philippe, Gilles. (dir.) (2004) *Flaubert savait-il écrire ? Une querelle grammaticale*. Grenoble: ELLUG, Université Stendhal Grenoble.

Philippe, Gilles. (2002) *Sujet, verbe, complément. Le moment grammatical de la littérature française 1890–1940*. Paris: Gallimard.

Proust, Marcel. (1971) *Contre Sainte-Beuve*. Paris: Gallimard, « Pléiade ».（プルースト「フロベール論に書き加えること」、「フローベールの「文体」について」(2002)『プルースト評論選 I』保苅瑞穂編、ちくま文庫）

Rancière, Jacques. (1998) *La parole muette*. Paris: Hachette.

Reggiani, Christelle. (2009) Le texte romanesque: un laboratoire des voix. In Philippe, Gilles et Piat, Julien (dirs.) *La langue littéraire*. Paris: Fayard, pp. 121–154.

Rosier, Laurence. (1999) *Le discours rapporté. Histoire, théories, pratiques*. Paris/Bruxelles: Duculot.

Ullman, Stephen. (1964) *Style in the French Novel*. Oxford: Basil Blackwell.

Vetters, Carl. (1994) Free indirect speech in French. C. Vet. & C. Vetters (eds.) *Tense and Aspect in Discourse*. pp. 179–225. Berlin/New York: Mouton de Gruyter.

Vuillaume, Marcel. (2000) La signification du style indirecte libre. *Cahiers Chronos* 5: pp. 107–130. Amsterdam: Rodopi.

赤羽研三 (2001)「デュクロの語用論 3」『防衛大学校紀要（人文科学編）』83: pp. 101–141.

赤羽研三 (2015)『〈冒険〉としての小説』水声社

赤羽研三 (2016)「語りの言語とは何か？―自由間接文体から出発して」『フランス語学の最前線 4』pp. 341–379. ひつじ書房

岩崎力 (1978)「小説形式・小説技法の変革―《内的独白》をめぐって」福井芳男他編『フランス文学講座 2　小説 II』大修館書店、pp. 282–296.

要真理子 (2005)『ロジャー・フライの批評理論―知性と感受性の間で』東信堂

田原いずみ (2013)「視覚を表す自由間接話法の発話について」『明學佛文論叢』46: pp. 1–28.

ミハイル・バフチン『マルクス主義と言語哲学―言語学における社会学的方法の基本的問題』桑野務訳、未來社、1989 年（Bakhtine, Mikhail, 1977: *Le marxisme et la philosophie du langage*, Paris: Minuit.）

蓮實重彦 (2014)『《ボヴァリー夫人》論』筑摩書房

藤井貞和 (2004)『物語理論講義』東京大学出版会

吉田城「フローベールの『文体美』―プルーストの視点から」(1998) 松澤和宏編『今こそフローベールを読み返す』名古屋大学シンポジウム報告書、pp. 31–45.

例文出典

Flaubert, Gustave. (2001) *Madame Bovary*. Paris: Gallimard, « Folio classique ». (フローベール『ボヴァリー夫人』(2009) 山田爵訳、河出文庫。フローベール『ボヴァリー夫人』(2015) 芳川泰久訳、新潮文庫)

Flaubert, Gustave. (1965) *L'éducation sentimentale*. Paris: Gallimard, « Folio classique ». (フローベール『感情教育』上下 (2009) 山田爵訳、河出文庫)

作中世界からの声
疑似発話行為と自由間接話法

阿部　宏

1　はじめに

　過去が語られる時、語りの責任主体は言葉の中にどのような形で現れてくるのであろうか。書き手と作中人物の「二重の声」が響いているとされる自由間接話法は、この問題意識において興味深い考察対象となろう。しかし、過去を対象とした語り（以下、「過去の語り」）を発話行為という観点からとらえ直してみた場合、自由間接話法は間接話法や直接話法と同レベルの引用形式の１つというにとどまらず、ある種の主観性現象、その現れの見かけは多様であるが根底に一貫した原理が想定される特殊な主観性現象の１つとして位置づけが可能なように思われる。

　その関心において阿部（2014, 2015）の延長線上にある本稿は、フランス語と日本語の小説の地の文（以下、「地の文」）の分析を通じて、ここに疑似主体による疑似発話行為という興味深い主観性が働いていることを指摘し、自由間接話法も結局はこの働きに由来する現象であることを主張するものである。

　地の文では、作中人物の心理や台詞は通常、心理動詞や言明動詞によって導入される。つまり、まず書き手の立場からの表現たる主節があり、次に作中人物の心理や台詞が提示される。この場合、従属接続詞を用いたものが間接話法であり、引用符を用いたものが直接話法である[1]。しかし作中人物の心理や台詞が主節を介さず直截に提示される（1）の下線部のような特殊な表現形式がある。人称や時制などの文法的特徴は間接話法の引用部と同様であるが、主節を欠く、つまり主節に支配されていないという意味で、この引用

形態は欧米語文法で自由間接話法と呼ばれる。また、日本語においても (2) の下線部のような類似の現象が観察される。

（１） Julien remarqua avec effroi qu'il arrivait à ce grand seigneur de lui donner des décisions contradictoires sur le même objet. / Ceci pouvait le compromettre gravement. Julien ne travailla plus avec lui sans apporter un registre, sur lequel il écrivait les décisions, et le marquis les paraphait.

(Stendhal. *Le Rouge et le Noir*, p. 379)

（この大殿様はよく、同じ問題で矛盾した決裁をすることがあった。ジュリアンはそれを知って、おそれをなした。／こんなことでは、とんだ巻きぞえをくわないともかぎらない。それからは、ジュリアンも、侯爵と仕事をするときには、かならず帳簿をもっていき、それに自分で決裁を書きこみ、侯爵に証明してもらうことにした。）　（スタンダール『赤と黒』下、p. 95）

（２）　彼（＝国分次郎）の愛校心、彼の郷愁、彼の名利に恬淡な態度、……そこには何か、世俗的なものに対する彼の永い不適応と不満の思ひ出が煮立ってゐた。／なぜ外部の社会はスポーツのやうに透明でなく、スポーツのやうに美しくないのだらう！なぜそこでは誰の目にも明らかな勝負だけで片がつかないのだらう！スポーツマンのすべてが持つこの怨恨を、彼は一種の詩に育てるまでに、年月をかけたのだ。

（三島由紀夫「剣」、p. 277）

　会話表現で発話者が発話行為を行うのと同様に、文章語においては書き手が執筆行為を行う。つまり、書き手は発話者にあたり、執筆行為は発話行為にあたる。したがって以下では必要に応じて、書き手にも発話者、執筆行為にも発話行為という表現を用いる。

　当然ながら会話では発話者が発話行為の、文章語では書き手が執筆行為の責任をそれぞれ担う。つまり言及される内容がたとえ他者の心理や台詞であったとしても、それは発話者のフィルターを通した内容として、形態的には主節に従属する要素として導入される。しかし、(1) の下線部の自由間接話法や (2) の下線部ようなケースは、いわば発話者が自らの発話行為の責任

を任意の作中人物に一時的に移譲したかのような様相を呈している。ところでこの種の現象は、話法だけに限られるものなのだろうか。

　例えば、日本語の「いま」を取り上げてみたい。「いま」は発話者の発話行為と同時の時点を示す機能であり、これが1週間前あるいは10年前のある時点などを意味することは、通常ありえない。1週間前あるいは10年前の任意の時点を示すためには、「先週の水曜日の定例会議の後の昼食時」や「2006年12月22日18時30分」などの表現が会話中や文章中にまず提示され、ついでその時点を「その時」で受ける必要があろう。「いま」も「その時」もそれ自体では指示対象は不定であるが、「いま」の内容は発話行為によって、「その時」の内容は文脈によって与えられる。したがって「その時」は、文脈にあらたに別の時点が提示されるまで同一の時点を示し続けるのに対し、「いま」は(3)に典型的に見られるように、話者の各発話行為に僅かでも時間差があれば、それに応じて指示する時点も刻々と更新されていくのである。この「いま」のような、指示対象の決定が発話行為を基準に行われる特殊な表現形式は、ダイクシスと呼ばれる。例えば、「いま」のような時間ダイクシス以外にも、発話行為が行われる地点を指示する「ここ」は空間ダイクシス、発話者を指示する「わたし」は人称ダイクシスである。

（3）　<u>今</u>は山中、<u>今</u>は浜、／<u>今</u>は鉄橋渡るぞと、／思う間も無く、トンネルの／闇を通って広野原…　　　　　　　　　　　（童謡「汽車」）

　したがって、指示対象の決定において発話行為と不可分の関係にあるダイクシスは、会話には頻出するが、現在から隔絶された時空間に位置づけられた過去世界の記述とはなじまないことが予想されよう。

　しかし実際には、(4)の maintenant (= now)[2] のように、過去の語りに出現する時間ダイクシスは珍しいものではない。この場合 maintenant は、本来の機能からすれば書き手がまさに当該の表現を記した時点を指向しなければならないはずであるが、少なくとも(4)においては、この解釈は明らかに成立しない。読者の自然な解釈は、この maintenant は作中人物たるオルガにとっての「いま」でしかありえないのである。また(4)の和訳(5)の「今」も、

102　阿部　宏

日本語として不自然さを感じさせない。この種の現象は、どのように説明されるのだろうか。

（4）　Déjà, elle (= Olga) se souvenait de Dan comme d'une autre vie contemplée d'outre-tombe. Ils avaient vécu *là-bas* ensemble, s'étaient aimés, puis une certaine mort avait eu lieu ― son propre départ, la rupture ―, et elle revoyait <u>maintenant</u> leur film depuis cet au-delà. La mort subite de Dan lui parut non pas normale, mais absurde et inutile, et, en ce sens, naturelle.

(Kristeva, Julia. *Les Samouraïs*. pp. 400–401)

（5）　すでに、彼女（＝オルガ）はダンのことを、墓の彼方からみつめる別の生のようにしか思い出してはいなかった。むこうでいっしょに暮らし、愛し合い、それから一種の死が生じ―彼女自身の出国、断絶―そして<u>今</u>、彼女は自分たちのフィルムをこの彼方から振り返って見ている。ダンの突然の死は、彼女にはただならぬこと、不条理でむなしいことに思えたが、別の意味では自然なことでもあった。

（ジュリア・クリステヴァ『サムライたち』、p. 422）

　ところで、過去の事態を話題とする（6）のような場合のことを考えてみたい。ここで、シャルルの深呼吸の時点と小学生たちが通りを歩いていた時点の同時性を強調する目的で2番目の文の冒頭に maintenant を挿入すると、（7）のように不自然になる。しかしこれは、maintenant は発話者の発話時点以外の時点を示すことはできない、という単純な原理の確認にすぎない。maintenant が発話行為の時点を離れ、事態中の第3者（＝シャルル）にとっての現在、つまり結果的には過去の1時点を示すようなことは、発話者を示す「わたし」が「かれ」を意味してしまうのと同様の奇妙な事態であり、通常はおこりえないのである。

（6）　Charles s'est approché de la fenêtre pour respirer. Des écoliers passaient dans la rue.

（シャルルは深呼吸するために窓に近づいた。小学生たちが通りを歩いてい

た。）

（7） Charles s'est approché de la fenêtre pour respirer. #<u>Maintenant</u> des écoliers passaient dans la rue.
（シャルルは深呼吸するために窓に近づいた。<u>いま</u>小学生たちが通りを歩いていた。）

　ここから、（4）におけるような過去指示の maintenant について、「視点が書き手から任意の作中人物に移ったもの」あるいは「基準点が発話行為の時点から過去の1時点に移ったもの」といった単純な原理による説明は不可能であることがわかる。
　しかし例えば、これらの文を小説の一節であると想定し、（8）のように1番目の文の時制を複合過去形から地の文で用いられる典型的時制である単純過去形に変えれば（s'est approché → s'approcha）、どうであろうか。maintenant は自然になるのである。

（8） Charles s'approcha de la fenêtre pour respirer. <u>Maintenant</u> des écoliers passaient dans la rue.
（シャルルは深呼吸するために窓に近づいた。<u>いま</u>小学生たちが通りを歩いていた。）

　（7）と（8）は過去の同一の事態の記述である。したがって、（7）から（8）へ何が変わったのかといえば、それは記述内容ではなしに、過去を語る際の語り方であろう。つまり、過去指示の maintenant を可能にするのは、視点や時間的基準点の過去への移動ではなく、発話者の事態の扱い方の変化なのである。
　ここで本稿の仮説を先取りして述べるならば、それは以下のようなものになろう。地の文の書き手の執筆行為も発話行為である。この発話行為によって過去の事態が記述される。これら各事態は、書き手の現在とは隔絶した作中世界内の出来事として扱われる。書き手はそれらを、作中世界外から記述する。つまり発話行為は、作中世界外で行われる。しかし作中世界内にお

いても、ある種の擬似的な発話者による擬似的な発話行為が潜在的に行われる。過去指示の maintenant はこの擬似的発話行為が顕在化したものである。ここで働くのは、作中世界の疑似主体が書き手の発話行為の責任を一瞬間だけ代行するようなメカニズムである。これは作中世界に臨場感を付与する効果がある。したがって、発話の責任が書き手から作中の主体に一時的に譲渡されたものとしての自由間接話法は、この現象と同種のものである。

　ところで、阿部 (2014, 2015) でも指摘したように、ダイクシス類で過去の語りに出現するのは maintenant や「いま」だけに限らない。時間ダイクシス一般、ici (= here) や「ここ」などの空間ダイクシス、aller (= go)・venir (= come) や「いく」・「くる」などの直示動詞、probablement (= probably) や「おそらく」などのモダリティ表現など、原理的に発話者を基準点とするはずの表現が、実際には過去の語りに頻出し、その基準点が書き手から離れてしまうのである。

　以下では、この種の特殊な主観性現象と自由間接話法の関係を扱うにあたって、第 2 節「バンヴェニストの時間論・時制論」、第 3 節「時間ダイクシス」、第 4 節「空間ダイクシス」、第 5 節「自由間接話法と「二重の声」」、第 6 節「日本語における作中世界からの声」、第 7 節「その他の問題」、という順序で考察を進めていきたい。

2　バンヴェニストの時間論・時制論

　時制や時の副詞などの時間に関わる表現は、当然ながら人間の時間認識を反映するものであるが、そもそも、過去が語られる時に、その過去は発話行為や執筆行為の責任主体たる発話者や書き手にとってどのように構造化されているのであろうか。

　時間概念は、過去から未来へ向かう 1 本の直線的矢印として表象されることが多い。この典型を、ライヘンバッハに見ることができよう。例えば、事態を E、参照点を R、発話時点を S で表せば、現在形は図 1 のように 3 種の時点が一致した状況、過去形は S から見て R と E が以前にある状況（過去の事態が過去の時点を基準点としてとらえられている）、現在完了形は S と

Rが一致し、Eが以前にある状況（過去の事態が発話時点を基準点としてとらえられている）、ということになる (Reichenbach 1947 [1952]: 290)。

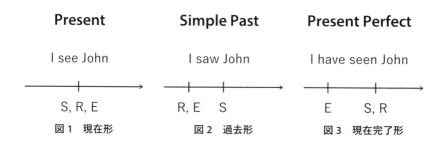

しかし、この種の平板な時間観では、(4) の maintenant は図 2 のような構造中で「S を指向せずに E あるいは R を指向する例外的用法」と考えるしかなくなるが、maintenant は発話行為の時点、つまり S と不可分であり、S から切り離そうとすると文は不自然になってしまうことを、すでに (7) で確認した。過去指示の maintenant が可能となるためには、(8) が示唆するように過去の語り方そのものが変更されなければならないのだが、その種の違いはライヘンバッハ的図式では表象しえないのである[3]。

ところでバンヴェニストは、人間の時間認識が生まれてくる源に発話行為を想定する。特に、「言葉と人間の経験」(1965) はこの問題を正面から扱ったものだが、この中で彼は人間の時間概念に、「物理的時間」「言語的時間」「クロノス的時間」という相互に大きく質の異なる 3 種を区別すべきとする。それぞれの特徴は、以下のように説明された。

【物理的時間】：
　均質・無限な連続態で、線状性をもち、限りなく分割可能である。(p. 68)
【クロノス的時間】：
　われわれが経験する時間は常に一方向に流れていく。これは誰もが実感することである。幼年期はもちろん、昨日という日、一瞬前でさえ、再現することは決してない。その一方で、われわれの人生には指標とな

る種々の出来事が存在し、これらは近い過去あるいは遠い過去として皆に共有されていた尺度上に正確に位置づけられている。一方で時間の流れ、他方で回顧、というこの矛盾した外見の中にクロノス的時間の本質的特徴が潜んでおり、これが解明すべき点である。／…／あらゆる文化や時代を通じて、クロノス的時間を客観化しようとするさまざまな努力が認められる。これは、社会の存続にとって、また個人の社会生活上での必要条件である。この社会化された時間は、暦の時間である。(p. 69)

【言語的時間】：

　この時間(＝言語的時間)の中心―この時間を生成させるとともに基準軸を与える―は、パロール行為の現在である。話者は「現在」の文法的形態(あるいは、それに準ずる形態)を用いるたびに、ディスクール行為[4]とディスクールが言及する出来事を同時のものとして位置づけることになる。ディスクールに立脚したこの現在がクロノス的な時間区分のいずれにも収まらないことは明白である。なぜなら、この現在はそれらの区分のすべてに該当し、ある特定の区分にのみ関わることはないからである。話者は、現在として認めるものを、特有の言語的形態を通じて、それがどの時点であれ、すべて「現在」として位置づける。しかし、この現在は発話のたびに更新される、文字どおり新たで未経験の瞬間なのである。これは、(…)言語にのみ見られる特質である。言語的時間の特殊性に見合った用語を考案し、時間という同じ名称のもとで一括されている他の概念から本当は区別すべきであろう。(p. 72)

この3種の時間観の中で、物理的時間は最もイメージしやすいものであろう。しかしバンヴェニストによれば、極度に抽象化され、それゆえに具体的な言語現象からは乖離してしまったこの時間概念は、言語とは無縁である。言語に反映されるのは、むしろ後2者の方である。

クロノス的時間は、時間の線上に各事態が継起的に位置づけられたものである。これら各事態の位置は、必要であれば、暦、つまり等間隔で区切られた時間単位(世紀、年、月、日、時、分、など)との関係で、あるいは他の事態との前後関係で示すことができる。またそれらを継起の順序に沿って漸進

的に、あるいはより過去の方へと遡及的に辿ることもできる。したがって、
「1641 年 2 月 13 日に」、「その翌日に」、「明治維新の直前に」などの表現は、
このクロノス的時間に基づいた表現である。しかし重要なのは、この時間線
上にはただ各事態が配列されているだけで、発話者が不在である、というこ
とである。

　他方、言語的時間は発話行為、つまり常に発話者にとっての現在に立脚し
た時間である。この時間は、その上に各事態が継起的に固定された安定した
時間線のようなものではない。発話時から振り返る視線がそのつど過去を生
み出し、前望する視線がそのつど未来を生み出す。したがって、「いま」の
みならず、「きょう」、「1 時間前」、「きのう」、「20 年前」、「1 時間後」、「あ
した」、「20 年後」などの時間ダイクシスは、まさにこの言語的時間におい
て機能する表現ということになる。

　バンヴェニストはさらに以下のように、人間や言語にとって根底的なのは
この言語的時間の方であり、クロノス的時間はこれが客観化され、暦として
社会化され、結果的に発話行為の主体たる発話者が居場所を失ってしまった
時間である、とする。つまり、まず言語的時間があり、クロノス的時間はこ
れからの派生態なのである。

　　　「1641 年 2 月 13 日」は、暦の体系にとっては明確な日付であるが、
　　どの時点においてこれが発話されたのかについては何も示さない。前望
　　的に、例えば 1 世紀前に締結された条約の有効性を保証する条約中の文
　　言ととることもできるし、回顧的に 2 世紀後に想起された日付とみなす
　　こともできよう。暦に固定されたクロノス的時間は、経験される時間と
　　は無縁であり、それに対応するものではない。クロノス的時間は、まさ
　　に客観的であることによって、各出来事をその中に位置づけ可能な均等
　　な尺度と区分を提供するが、その尺度と区分は人間が実際に時間を経験
　　するやり方とは対応しない。(pp. 71-72)
　　　実際は、言語には唯一の時間的表現として現在があるだけであり、出
　　来事とディスクールとの一致の指標である現在は本来的には暗黙の前提
　　なのである。(…)言語は必然的にある基準点から出発して時間を序列化

108　阿部　宏

するもので、この基準点はディスクール行為以外にはない。(p. 73)

このバンヴェニスト的立場からは、ライヘンバッハ的時間観は人間にとっても言語にとっても最も根底的なはずの言語的時間の概念を欠いていることになり、それからの派生態にすぎないクロノス的時間上にいわば無理矢理に発話者や発話時点を配置したもの、ということになろう。その結果、発話行為こそが時間概念を生み出す源であるはずなのに、それ以前にすでに出来上がった時間線があるかのような、誤った見方が生まれてしまうのである。こうした概念のもとでは、たとえ同一の過去の事態であっても異なった扱いを受け、この違いが結果的に言語レベルにも反映してくることがある、という事実は隠蔽されてしまわざるをえない。

ところで、この 1965 年発表のバンヴェニストの時間論をこのように検討してみると、これはそれ以前の 1959 年に発表され、いまやフランス語時制論の古典として位置づけられている「フランス語動詞における時称の関係」と不可分で相補的な関係にあることに気づく。つまり 1965 年の論文は、彼の時制論の基盤をなしていた時間観を事後的に解説したかのような内容になっているのである。

彼の時制論は、文法範疇としての時制の機能のみを対象とした言語内的な分析ではけっしてなく、時制やその人称との関係を発話行為の観点からとらえ直し、言語現象の観察から窺える人間の時間認識一般を考察したもの、ともいえる。また、その主張はフランス語だけに適用されるものではなく、日本語をも含む言語普遍的な観点からのものと考えなければならない。

そこで、以下で両者の論文の関係づけを試みたいが、その前に、まず時制論での主張を振り返ってみよう。彼はまず発話行為を、「歴史(histoire)」と「話(discours)」に大別するが、各々の特徴は次のようなものであった。

【歴史】

歴史の方の言表行為[5]は、今日では書く言語にしか用いられないが、過去の出来事を物語るのがその特性である。この三つの用語、≪物語≫と≪出来事≫と≪過去≫とは、平等に強調されなければならない。これ

は、物語のなかに話し手が全く介入することなく、ある時点に生じた事実を提示するのである。それらの事実は、起こったこととして記録されるかぎり、過去に属するはずである。(p.219)

(…)歴史家は決して<u>わたし</u>とも<u>あなた</u>とも、<u>ここ</u>でとも<u>いま</u>とも言わない。なぜなら、なによりもまず<u>わたし：あなた</u>の人称関係において成立している話の形の上の装置を、歴史家は決して借用することがないからである。したがって、厳密に一貫して続けられる歴史的叙述のなかでは、ただ≪三人称≫の形しか認められないであろう。(p.219)

(…)ここ(＝歴史)にはだれ一人話すものはいないのであって、出来事がみずから物語るかのようである。(p.223)

—歴史の言表行為には、(三人称の形において)無限定過去、未完了過去、大過去と予見時称がはいる。除外されるのは、現在、完了、未来(単純形と複合形)[6]である。(p.226)

【話】

(…)ところで話というものは、そのもっとも広い意味において、すなわち話し手と聞き手とを想定し、しかも前者においてなんからの仕方で後者に影響を与えようとする意図のあるあらゆる言表行為として理解される必要がある。(p.223)

—話の言表行為には、あらゆる形のあらゆる時称が入る。除外されるのは、無限定過去(単純形と複合形)である。(p.226)

「歴史にはだれ一人話す者はいない」、「出来事がみずから物語る」とは、「歴史」の発話行為は発話者なしに自動的に行われる、ということではなく、発話行為が「歴史」内的には遂行されず、「歴史」外に位置する発話者によって行われる、したがって「歴史」内には発話者は不在で、出来事は発話者との直接的関係を意識させない形で提示される、という意味である。というのも、歴史における発話行為では、記述対象となる世界と歴史家の発話行為が行われる現在の現実世界は、歴史家の意識においても時間的位置関係においても直接的利害関係においても隔絶されているからである。

「歴史」で用いられる人称は三人称であり、中心的な時制は発話時点から切り離された過去を表すとされる単純過去形である。他方、「話」は発話者と共話者との相互関係を前提としたもので、その発話行為は現在の現実世界を対象に行われる。ここでは、ほとんどの時制が用いられるが、単純過去形は排除される。

「歴史」においては、その上に各事態が固定された時間線があり、それら各事態はこの時間線上を継起順に辿られるのが基本パターンである。しかし重要なことは、歴史家はこの時間線上に位置をもたない、ということである。語られる事態と歴史家の発話行為は同一時間上にはなく、歴史家は常に「歴史」世界の外にいるのである。したがって、これをバンヴェニストの時間論に関連づけるならば、図4のように、「歴史」内の時間＝クロノス的時間、歴史家の時間＝言語的時間という2種類の性質の異なる時間が併存している、ということになろう。

他方「話」においては、話題とされる事態は話者の発話行為と同時のこともあれば、以前、あるいは以降のこともあるが、図5のように、ここでは話者も事態も同一の言語的時間にあるのである。

バンヴェニストは「歴史」における過去は単純過去形で、「話」における過去は複合過去形で表現されるとした。そこで、両者の違いを彼の時間論の術語を用いて言い換えれば、以下のようになろう。

過去の事態はクロノス的時間上に位置づけられたものと言語的時間でとらえられたものとがある、発話時点との結びつきが希薄な単純過去形はクロノス的時間上にすでに配置された各事態（図4のA、B、C、D、E、F、G）を記述するのに適しており[7]、発話時点との結びつきが濃厚な複合過去形は言語的時間で発話行為の時点からそのつど振り返って見られた過去（図5のw）を表すのに適している。

ところで、「歴史」と「話」という性質を異にする2種類の発話行為の存在は言語普遍的なものと考えられるが、各言語がこの違いを示すのに適した文法的形態を備えているか否かは別問題であろう。例えばフランス語には、たまたま単純過去形と複合過去形という発話時点との関係において濃淡の異なる2種類の過去時制があるために、2種類の発話行為の違いが時制面で顕

在化される。しかし、1種類の過去時制しかもたない英語には、「歴史」と「話」を形態的に顕在化する術がない。また、フランス語においても、人称面では事情が異なり、例えば、自伝的小説など1人称の作中人物が登場する「歴史」の場合に、書き手としての je (= I) と作中人物としての je は明らかに異なる対象のはずだが、いずれにも同一形態を用いざるをえない。

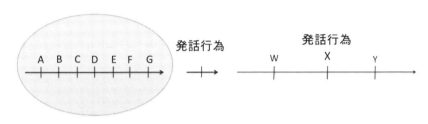

図4　歴史における発話行為　　図5　話における発話行為

　ここでダイクシスの問題に戻り、これと「歴史」との関係を考えてみたいが、例えば(9)のような典型的な「歴史」的記述に、「いま」「ここ」「わたし」などのダイクシス類が入りこむ余地があるであろうか。「歴史」において、書き手の発話行為は「歴史」世界の外からなされるものであり、発話行為を指向するものとしてのダイクシスとは原理的に相容れないのである。なおこの原理は、(10)のような特定の人物に的を絞った記述においても揺るがない。「歴史」において、「歴史」外からの発話行為という基本原理が純粋に貫徹される限り、いかに特定の個人に焦点が当てられようと、「いま」「ここ」「わたし」がその人物にとっての「いま」「ここ」「わたし」になるような、つまりダイクシスの基準点がその人物に移譲されるようなことはけっして起こらないのである。

（9）　…（ハワイに）1820年に最初の宣教師が到着して以来、ネィティヴ・ハワイアンを「救う」ために、キリスト教伝道が積極的に行われた。宣教師は伝統的なハワイアンの生活を毎日「あてもなく、ぶらぶらしているだけ」だと非難した。貯蓄もしなければ、必要以上に働こうともしないかれらの生活は罪であると断罪した。宣教師は宗教や伝統だ

けではなく、言語、服装、労働態度にいたるまで、ハワイアンのすべての価値観と風習を否定しようとした。そして、自分たちの信仰に基づく価値観を広めるため、聖書をハワイ語に翻訳し、学校を設立し、熱心に布教活動を行った。／カメハメハ 2 世（1796–1824）の治世のもとでは、カメハメハ 1 世（1758?–1819）の妻であったカアフマヌ（1768?–1832）が政治的実権を握ったが、彼女は伝統に固執しようとする敵に対抗するためにキリスト教に改宗した。その結果、キリスト教を支持するハワイアンの貴族も増えてきた。数多くのハワイアンがキリスト教に改宗し、カプと呼ばれるタブー(禁忌)に基づくハワイの伝統的な宗教を信じる者の数は減っていった。

（矢口祐人『ハワイの歴史と文化』、p. 19）

(10)　バルトが『レットル・ヌーヴェル』誌に連載した「今月の小さな神話」は、1956 年 5 月に終了した。1 年半のあいだに書かれた「神話」は 62 編にのぼり、それらをまとめて本にすることになった。バルトは「神話」の取捨選択をしたり、2 編をひとつに合わせたりして、本に入れる 48 編をえらびだした。さらに、連載をはじめる前や他誌などに発表していた 5 編もくわえた。こうして 53 編の「神話」が選定され、1957 年初めに『現代社会の神話』（あるいは『神話作用』）として刊行されることになった。　（石川美子『ロラン・バルト』、p. 53）

　これらに対し、(11)や(12)のような典型的「話」の例を検討してみたい。これは言語的時間における発話行為であり、下線部のように(11)「わたし」、(12)「きょう」「いま」などのダイクシスの出現が自然である。また {} 括弧内のように、(11)「いま」「ここ」、(12)「ここ」「わたし」などが挿入されたとしても、自然さは損なわれないであろう。

(11)　池上　人文系の学問は確かに、「これって一体何の役に立つの？」と{いま} 聞かれたら、{ここで} すぐにパッとは答えられないですよね。でも、人間の本質とか、社会の仕組みであるとか、世の中全体がどういう構造になっているかということを知るというのは、{いま}

人が生きていくうえで、極めて大切なことです。例えば地方公務員として働くときにも、世界の仕組みを知っていることや構想力が必要とされます。そういう力がないと、中央から言われたことをそのままやるしかない。地方が中央の単なる下請け機関になってしまうと、どんどん病弊が進み、{いま} 日本の国力全体が弱まっていくと<u>私は</u>思うんです。　　　　　　　　　　（佐藤優・池上彰「新・教育論」、pp. 248–249）

（12）　よく {ここに} いらしてくださいました　はじめまして　こんにちは　超人気の女優さん　また歌手でいらっしゃいます…　また映画にも出ていらいっしゃるんですが　元気で明るい　スタイルがいい　ファッショナブルで　モー　若い女の子のあこがれで　ね　<u>きょう</u>も　コーナンカ　<u>今</u>はやりのハイソックスで　<u>今</u>またこういうのがはやってるんだそうでございますけれど　でもそういつも楽しいことばっかりではなかったようです　モー　自殺まで考えたことがあるということですけど　内田有紀　さん　<u>きょう</u>の {わたしの} お客様です
　　　　　　　　　（山根智恵『日本語の談話におけるフィラー』、p. 130）

　「歴史」で各事態が位置づけられる時間はクロノス的時間であり、歴史の記述、つまり発話行為はこのクロノス的時間から切り離された言語的時間においてなされる。この時間は、歴史家の日常生活の時間であり、散歩や食事や講義などとともに執筆活動もそこで行われる。したがって、「歴史」で例えば「いま」が用いられない理由は、これが現れれば「歴史」中の任意の時点ではなく、「歴史」外にいる歴史家の現在を指してしまう、というきわめて奇妙なことになってしまうからである。

　他方、「話」においては各事態は発話者の発話行為を基準に位置づけられる。したがって、「いま」をはじめとするダイクシス類の出現はむしろ自然なことなのである。

　しかしそれでは、振り出しに戻って、前掲（4）（8）、また（13）（14）のような過去の語り中における maintenant や「いま」の出現はどのように説明されるのだろうか。

(13) Depuis trois semaines, Ulrich n'était plus revenu au bord de l'abîme d'où il regardait le village. Il y voulut retourner avant de gravir les pentes qui conduisaient à Wildstrubel. Loëche maintenant était aussi sous la neige, et les demeures ne se reconnaissaient plus guère, ensevelies sous ce manteau pâle.　　　　　　(Maupassant, Guy de. L'Auberge. pp. 788–789)

（三週間このかた、ウルリッヒは、村が見られるあの崖ぎわに行かなかった。ウィルドストルーベル山へ行く傾斜を登る前に、彼はそこに行ってみたくなった。ロエーシュの村もいまはもう雪におおわれていた。そして、人家はあのうす白い外套を着せられて、すでに見分けることはできなかった。）　　　　　　　　　　　　　　　　　　　　　（「山の宿」、p. 279）

(14) その時から数えて十四年たった。いまあの荒ぶる兄が渾身の力をふりしぼって秋幸の首をしめたとしても殺すことの出来ないいかつい体になった。実際、秋幸は力が強かった。一つ齢下の徹の二倍ほど力があった。　　　　　　　　　　　　　　　　（中上健次『枯木灘』、p. 10）

　バンヴェニストは「歴史」の特徴を説明するにあたって、歴史家グロの『ギリシャ史』から２例、小説家バルザックの『哲学研究：ガンバラ』から１例を提示し、また後者については、注で「もちろん、出来事についての歴史的言表行為は、その≪客観的≫事実性とは無関係である。問題はただ著者の≪歴史を語ろうとする≫意図なのである。」とわざわざことわっている。「歴史を語る」とは、前掲の図４のように、クロノス的時間軸上の各事態について、書き手がクロノス的時間外から、つまり言語的時間から語る、ということであり、その場合、各事態が事実であるか架空の事態であるかは問題にならない、という主張であると考えられよう。

　確かに「歴史」(9)(10)においては、「いま」を代表とするダイクシス類は不可能であった。これは、クロノス的時間上には発話者の居場所がないためである。しかし他方でやはり「歴史」と考えられる(4)(13)ではmaintenant、また(14)では「いま」が現れており、その使用に不自然さはない。

　この違いを説明するためには、一方は「歴史」外から語られる純粋な「歴

史」、他方はこの基本的枠組みを保ちながらも「歴史」内でも別種の発話行
為、つまり疑似主体による疑似発話行為が行われる「歴史」、という2種類
の「歴史」を区別する必要があるのではなかろうか。この疑似主体による疑
似発話行為の仮説の有効性について、次節以降、順次検討してみたい。

3　時間ダイクシス

　第1節と第2節では時間ダイクシスの中でも、maintenantと「いま」の
例を中心に検討してきたが、時点や時間帯の指示が文脈あるいはカレンダー
的時間、つまりクロノス的時間によってではなく、発話時点を基準になさ
れる、つまり言語的時間に依拠する表現はすべて時間ダイクシスといえよ
う。例えば以下に見る、(15) tout à l'heure (= a little while ago)、aujourd'hui (=
today)、(16) jeudi prochain (= next Thursday)、(17)「昨夜」、(18)「去年」の
ようなものがそうであるが、いずれも地の文中に現れている。

(15)　Son confrère se taisait, ayant <u>tout à l'heure</u> reçu confidentiellement une
forte semonce à propos de son émétique, de sorte que ce bon Canivet, si
arrogant et verbeux lors du pied-bot, était très modeste <u>aujourd'hui</u> ; il
souriait sans discontinuer, d'une manière approbative.

（Flaubert, Gustave. *Madame Bovary*, p. 467）

（同業者のカニヴェは口を閉ざしていて、それというのも<u>先ほど</u>、博士と二
人だけになると吐剤を与えた件でひどく叱責を受けていたからで、捩れ足
手術のときはあんなに尊大で饒舌だったこの立派な先生も、<u>今日</u>はじつに
控え目で、賛意を示すかのように絶えず笑みを浮かべていた）

（フロベール『ボヴァリー夫人』、p. 588）

(16)　Il (= Frédéric) reçut, dans la même semaine, une lettre où Deslauriers
annonçait qu'il arrivait à Paris, <u>jeudi prochain</u>. Alors, il se rejeta
violemment sur cette affection plus solide et plus haute.

（Flaubert, Gustave. *L'Éducation sentimentale*, p. 99）

（その週のうちに、デローリエから便りがあって、来週の木曜日にパリに出

てくるという。恋愛よりもいっそう堅固で高貴なこの友情を彼はいまさら
のように激しく希求した。）　　　　　　（フロベール『感情教育』上、p. 74）

(17)　ウメさんの引導香語はすでに昨夜つくってあったから、とりたてて部
屋で急いでしなければならないことがあるわけではなかった。則道は
しかしコンピューターの檀家別過去帳にウメさんの記録をインプット
しおわると、ぼんやりした頭に久しぶりに去来した場面を反芻してい
た。　　　　　　　　　　　　　　　（玄侑宗久『中陰の花』、p. 63）

(18)　里子が、寺へきたのは、去年の秋だから、まる一年たつ。そのあいだ、
最初のころは、慈海は寺に居るきりで、毎晩里子を抱いた。いや、夜
ひるとない房事がつづいたことを里子は憶えている。しかし、本山に
ゆく、法類にゆく、檀家にゆく、いろいろの出先をいって出かけては
いた。法事にゆけば、お布施、菓子、そんなものを袂か頭陀袋に入れ
てかならずお土産に帰ってきたから、行き先をうたがうわけにはゆか
ない。　　　　　　　　　　　　　　　（水上勉「雁の寺」、p. 81）

　この種の過去の語り中の時間ダイクシスについては、文法書や研究書であ
る程度指摘がなされていたが、この現象にはじめて体系的な説明を試みたの
が、ヴュイヨームである[8]。彼は 19 世紀フランス小説の語りを分析し、地
の文中の時間ダイクシス類は作家の誤用や特殊な例外的用法ではなく、ある
一貫した原理にもとづいて必然的に出現することを主張した。

　まず彼は、時に関わる副詞相当句を、maintenant（= now）、aujourd'hui
（= today）、hier（= yesterday）、demain（= tomorrow）、l'année dernière（= last
year）、l'année prochaine（= next year）などのダイクシス的表現（expression
déictique）と、ce jour-là（= that day）、la veille（= the day before）、le lendemain（=
the day after）、l'année précédente（= the year before）、l'année suivante（= the
year after）などの年代記的表現（expression chronologique）に分類する。発話時
点を基準とする前者はもっぱら会話において用いられ、文章語では用いられ
ない。なぜなら、後者においては必然的に書く時点と読む時点に時間的な乖
離が生じ、結果的に書き手の発話行為の時点が読者には共有されないことに
なるからである。

しかし彼は、小説に描かれた各事態は過去のことであるとともに目の前で起こっているかのような印象もある、という素朴な直観から出発して、地の文では、書き手の執筆時を基準とするレベル1と読者の読書時を基準とするレベル2の時間が重なり合って機能している、と考える。また、書き手とは別に、語り手という仮想的主体が作中世界に存在する、とする。レベル1が書き手の時間であるとすれば、レベル2は語り手と読者の時間である。小説世界の各事態はいずれも執筆時から見れば過去のことであるが、読書時においては今まさに刻々と生起している事態ということになる。書き手はレベル1の時間にあって各事態を過去時制で描く。しかし語り手・読者はレベル2の方の時間上にあり各事態をそのつど現在のこととして受けとめる。したがって、地の文中でレベル2に基準点を求める時間ダイクシス類が現れることはむしろ自然である、ということになる。

地の文中の時間ダイクシスについては、より具体的な任意の作中人物に基準点を求める理論的説明も考えられよう。実際に、例えばジューヴはジュリアン・グラックの『アルゴールの城（Au château d'Argol）』の maintenant の現れを分析し、これらが心理動詞と共起している例が多いことから、この種の maintenant は任意の作中人物にとっての「現在」を表す、と結論づけている（Jouve 1992）。しかしヴュイヨームは、作中人物がまだ誰も登場しない段階での情景描写中でも時間ダイクシスは使用可能であることを具体例と共に指摘し、時間ダイクシスを作中人物に直接的に還元することはできないとする。本節の例においても、(15) の tout à l'heure や aujourd'hui は特定の作中人物に還元不可能で、(17) の「昨夜」、(18) の「去年」についてもその基準点が直接的にそれぞれ作中人物の則道や慈海といえるかどうか。いずれにせよ、地の文の時間ダイクシスは、必ずしも特定の作中人物を必要としないのである。

記述対象となった事態の現場には、通常1人あるいは複数の作中人物もまた存在しているであろう。したがって大部分のケースにおいて、語り手・読者にとっての「いま」は、作中人物にとっての「いま」でもある。しかし、時間ダイクシスと作中人物は直接的関係にはなく、いわば語り手・読者を介した間接的関係に過ぎないのである。

118　阿部　宏

　ヴュイヨームにおいてさらに注目すべきは、地の文中の時間ダイクシスを
(19) の nous (= we) や assisterons (= will be present【単純未来形】) に見るよう
な人称や時制の特殊な現れと結びつけて論じていることである。

(19)　Det Oriol était un jeune traitant de beaucoup d'espérance. Parmi les
　　　autres, on remarquait Albret et Taranne [...]; le baron Batz [...]; le vicomte
　　　de la Fare [...], tous convoqués par Gonzague pour une solennité *à laquelle*
　　　nous assisterons bientôt [...].

　　　　　　　　　　　　　　　　　　(Féval, P., Le Bossu, 104–106. In Vuillaume 1990: 29)
　　　　　（デット・オリオルは、将来を嘱望された若い徴税請負人であった。他に
　　　　　も、アルブレやタランヌ、バット男爵、ド・ラ・ファレ子爵などもいた。
　　　　　皆はゴンザグによって、<u>この後すぐわれわれも立ち会うことになる</u>ある式
　　　　　典に招待されていた。）(拙訳)

　彼によれば、語り中に突発的に挿入され、明らかに地の文との不均質性を
感じさせるこの種の文は、レベル2の時間に依拠したもの、ということにな
る。また、(19) の nous は語り手・読者が直接的に人称化されたものだが、
この種の文の場合、時制は現在形、近接未来形、単純未来形、また過去を表
す場合は単純過去形ではなく複合過去形や近接過去形が現れる、ことを指摘
している。これらは、バンヴェニストの「話」で用いられる時制であること
に注意されたい。
　ヴュイヨームの論中になぜかバンヴェニストへの言及はまったく見出せな
いが、以上の概説からすでに、彼の問題意識はバンヴェニストの時間論・時
制論にきわめて近いものであることが了解されよう。そこで以下で、ヴュイ
ヨームの仮説についてバンヴェニスト的概念を援用した解釈を試みてみた
い。
　小説という「歴史」において、書き手は言語的時間で発話行為を行う。つ
まり、「歴史」外から各事態を記述する。対象となる作中世界は書き手の現
在世界とは断絶された過去の世界であり、各事態は単純過去形や半過去形な
どの過去時制で描かれる。しかし、書き手とは別の主体たる語り手・読者が

作中世界に存在する。もちろん語り手は通常は潜在的な状態にあり、その発話行為は本来的な発話行為たる地の文の背後に隠れて目立たない。読者は、各事態は偽りの過去世界に仮想されたものに過ぎないことを知りつつも、自らをその世界の立会人として想定する。語り手・読者はクロノス的時間上の各事態を継起順に移動していくのが原則だが、しばしば一時的に以前の状況を回顧したり、以後のことを展望したりして、それから本来の事態に立ち戻ることもある。いずれにせよ、各事態の時点は語り手・読者にとっては、そのつど現在であり、その時間はクロノス的時間ではなく言語的時間として意識されているはずである。こう考えれば、書き手が位置する時間は言語的時間、レベル1の時間はクロノス的時間、レベル2の時間はクロノス的時間上に生起した特殊な言語的時間、ということになろう。

　クロノス的時間上に生起するこの特殊な言語的時間は、実際の発話者(つまり、書き手)を基準にしたものではなく、語り手という仮想的な発話者を基準点としている。つまり、作中世界という「歴史」中の各事態の時点で、本来的な「話」とは別種の疑似的な「話」がそのつど成立するのである。これはあたかも、(3)で示したような刻々と更新される「現在」が、現実世界においてではなく、「歴史」世界を舞台に展開されるようなことである。

　これを図示するならば図6のようになろう。地の文中で各事態(A、B、C、D、E、F、G)が継起的に提示されていく中で、その語りがちょうどDの段階にさしかかったとすれば、疑似発話行為が行われるのは、まさにこのDの時点においてであり、この時点が疑似主体にとっての現在である。したがって、ここで maintenant や「いま」が用いられれば、それはまさにDの時点を指向することになる[9]。

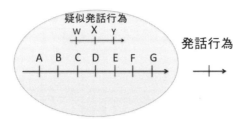

図 6　疑似主体による擬似発話行為

　つまりこの種の「歴史」においては、「歴史」内の各事態を「歴史」外から語るという基本枠は維持されつつも、それに加えて「歴史」内においても疑似発話行為が行われ、結果として 2 種類の異なった発話行為が共存することになるのである。したがって発話行為には、「歴史」と「話」のみならず、いわば疑似「話」を内包した「歴史」という第 3 のジャンルがある、ということになろう。

　ダイクシス類を許容しない純粋な「歴史」とこの種の疑似発話行為を内包する「歴史」との違いは、客観的情報伝達を旨とする記述であるか、むしろ臨場的効果をねらう架空の語りであるか、の違いに一応は対応するものといえよう。しかし、史実に基づくものであっても歴史小説のように臨場感を狙った語りであれば、疑似発話行為は頻出するであろう。また架空の事態であっても情報伝達優先の外見を整えるためにあえて疑似発話行為を全く介入させずに語り、読者にこれをあたかも客観的事実であるかのように信じ込ませることも可能であり、その場合その語りは純粋な「歴史」ということになろう。つまり、純粋な「歴史」であるか疑似発話行為を内包する「歴史」であるかは、単に語り方の違いであり、記述される事態が事実であるか架空のものであるか、には対応しないのである。

4　空間ダイクシス

　空間表現「ここ」は文脈で指示された任意の地点ではなく、発話者の発話行為が行われる地点を指示する。「右」や「左」も、発話者の体の向きを基準とするので、発話者が反対向きになれば、「右」と「左」がそれぞれ指示

する方向は入れ替わってしまうであろう。したがってこれらは空間ダイクシスであり、指示位置を特定するためには発話者と共発話者が同一空間を共有していなければならず、これが原理的に不可能な文章語には、原則として現れないはずの表現である。しかし空間ダイクシスは、地の文中に実はきわめてありふれている。

　地の文中の空間ダイクシスはこれまでほとんど研究者の関心を惹いてこなかったが、à gauche（= on the left）、à droite（= on the right）を扱ったデトリの貴重な分析を紹介しておきたい。彼女によれば（20）の à gauche と à droite は作中人物モーヌを基準としたものである。

(20)　Et il (= Meaulnes) s'engagea dans ce passage, heureux de n'avoir plus à franchir les haies et les talus. Au bout d'un instant, le sentier déviant <u>à gauche</u>, la lumière parut glisser <u>à droite</u>, et, parvenu à un croisement de chemins, Meaulnes dans sa hâte à regagner le pauvre logis, suivit sans réfléchir un sentier qui paraissait directement y conduire.

(Fournier, *Le Grand Meaulnes*)（Détrie 2011: 149）

（そして彼（＝モーヌ）は幸運にも垣根や壁を越えることなく、その通路に入り込んだ。すぐに、小道は<u>左</u>に曲がっていたが、<u>右</u>には灯りが動いているように見えた。十字路に出ると、粗末な家にたどり着かんと焦ったモーヌは思わずそれに直接に通じていると思われる小道を辿った。）（拙訳）

　デトリは à gauche や à droite の基準となる視点の帰属先は必ずしも登場人物に限らず、不特定の主体あるいは読者のこともありうることを指摘しているが、これは前節で見た任意の作中人物に必ずしも還元できない時間ダイクシスとも対応する現象である。また空間ダイクシスは、通常「<u>ここ</u>で待っていてくれ。」のように相手に場所を指示するために用いられる。つまり、当該の表現は発話者の自覚的な意識レベルに上がっている。しかし、地の文中の空間ダイクシスは、作中人物の自覚的な意識レベル上にはない。例えば（20）において、モーヌが「小道は<u>左</u>に曲がっている」という具体的表現を心中で思い浮かべるだろうか。空間の知覚は通常、言語を媒介としないはずで

あり、それが言語化されているとすれば、それを行っているのは作中人物とは別の主体にほかならない。

　したがって、やはり空間ダイクシスにおいても、発話者から任意の作中人物に基準点が直接的に移るというのではなく、当該の事態の時点でそのつど、疑似主体による疑似発話行為が行われる、と考えるべきであろう。疑似主体が特に任意の作中人物寄りになった場合に、(20)に見るような特定の作中人物の視点を基準とした位置決定であるかのような印象が生まれるのである。

　ところで、空間ダイクシスは ici のようにそれに特化された表現は別として、à gauche、à droite の gauche (= left) や droit (= right) のような本来ダイクシスではない一般的語彙で構成された熟語がほとんどである。結果的に、客観的な風景描写の中に挿入されていても、それと気づきにくいことになる。地の文中の空間ダイクシスについて言及や研究がほとんどない、というのもこの理由ゆえではなかろうか。以下で、フランス語の例 (21) (22) と日本語の例 (23) (24) を検討してみたい。

(21)　Edward tardait à rentrer d'Israël, Diana passait son semestre sabbatique souvent retirée dans sa maison de Long Island, et Olga avait besoin de prendre de la hateur. <u>Du haut de ce 39e étage</u>, New York était juste beau et théâtral. [...] Il était préférable de les (= les bourgeoises) voir d'<u>en haut</u>, donc ne pas les voir, et de ne retenir de ce monde de consommation outrancière que les cubes lumineux en verre et en métal reflétant d'autres cubes lumineux en verre et en métal. Vu d'<u>ici</u>, le théâtre était vide. [...] Mais ce que cette civilisation avait produit de plus spécifique, à savoir le *look*, n'avait plus besoin d'artisans ni de victimes. Le *look* était supra-humain, le *look* était transcendantal. Vue d'<u>ici</u>.　(*Les Samouraïs*, p. 316)
　　（エドワードはイスラエルからの帰国が遅れており、ダイアナは半期のサヴァティカルの最中で、ロング・アイランドの自宅にひきこもっていることが多い。それでオルガは、高度を上げる必要があったのである。<u>この三十九階の高みから見ると</u>、ニューヨークはじつに美しく、劇場のようで

あった。（…）それら（＝ブルジョワ女たち）を上から見ているほうが、ということはつまり、それらを見ないほうが、好ましかった。そして、この過度の消費社会からは、ガラスと金属でできた反射する立体を映し出している、ガラスと金属でできた反射する立体だけしか取りあげないでいるほうが、ましだった。ここから眺めると、劇場は空っぽである。（…）しかし、この文明がつくりだしたもっとも特徴的なもの、すなわち見かけは、もはや職人も犠牲者も必要としていない、ルックはもはや人間の形をしてはおらず、超人間的だった。ルックは超越論的だった。ここから眺めると。）

（『サムライたち』、p. 331）

(22) Et ils (= Frédéric et Mme Dambreuse) montèrent l'escalier. / Dans la première salle, à droite, des messieurs, un catalogue à la main, examinaient des tableaux ; dans une autre, on vendait une collection d'armes chinoises; Mme Dambreuse voulut descendre. Elle regardait les numéros au-dessus des portes, et elle le mena jusqu'à l'extrémité du corridor, vers une pièce encombrée de monde. / Il reconnut immédiatement les deux étagères de l'*Art industriel*, sa table à ouvrage, tous ses meubles ! Entassés au fond, par rang de taille, ils formaient un large talus depuis le plancher jusqu'aux fenêtres ; et, sur les autres côtés de l'appartement, les tapis et les rideaux pendaient droit le long des murs. Il y avait, en dessous, des gradins occupés par de vieux bonshommes qui sommeillaient. A gauche, s'élevait une espèce de comptoir, où le commissaire-priseur en cravate blanche, brandissait légèrement un petit marteau. Un jeune homme, près de lui, écrivait ; et, plus bas, debout, un robuste gaillard, tenant du commis-voyageur et du marchand de contremarques, criait les meubles à vendre. Trois garçons les apportaient sur une table, que bordaient, assis en ligne, des brocanteurs et des revendeuses. La foule circulait derrière eux.

（*L'Éducation sentimentale*, p. 607）

（で、ふたり（フレデリックとダンブルーズ夫人）は階段を昇っていった。／右手のとっつきの部屋では、目録を手にした紳士連がじっくりと絵を吟味している最中だった。中国の武器のコレクションを売っている部屋もあっ

た。ダンブルーズ夫人は下へ降りようという。彼女はドアの上の方にある番号を見て、廊下の突当たり、いっぱいの人で混雑した部屋へ彼を連れていった。／すぐさま彼は《工芸美術》にあった飾り棚が二つ出ていることに気づいた。あのひとの裁縫台もある。あのひとの家具がずらっと並んでいる！家具は部屋の奥の方で高さの順に積み上げられ、床から窓にかけて斜めに傾いた大きな山をつくっている。他の壁ぎわには、絨毯とカーテンがまっすぐ壁に沿って垂れ下がっていた。その下にある階段座席に陣取って居睡りをしているじいさん連中がいる。左手に勘定台のようなものが立てられ、白いネクタイをしめた価格査定官がそこで小さな槌を軽く振っていた。そのそばで若い男が一人、なにか書きものをしている。そこからさらに下へさがったところには、行商人ともダフ屋とも見えるがっしりした体格の男が立ち、売りに出た家具を大声で披露していた。下働きの男が三人、家具をテーブルの上へ運んでくる。そのまわりには、小道具屋や転売人が列をなしてすわっている。たくさんの人たちがその後をぞろぞろ歩きまわっていた。）

(『感情教育』下、pp. 319–320)

(23) ほのぐらい客間で、幽霊たちのパーティは賑やかにつづいていた。ひどくのっぺりしたお公家さん風の顔の宮仕えの人が、ざっくばらんな口をきいて大酒を呑んでいるのは、無理をしているようないやらしさがあった。／ここには宝石も香水も欠けてはいなかったけれど、現代の若々しさと活気はどこにもなかった。それこそ妙子の一等好きなものであるのに！それにしても主人役の大使は、何を思いついて、「幽霊のコレクション」などに凝り出したものであろう。

(三島由紀夫『肉体の学校』、p. 12)

(24) 「ヤア！」／と次郎は烈しい気合をかけた。ぢりぢりと右へまはった。／木内はどの角度から見ても同じ面をあらはす透明な角錐みたいに見える。そこにも入口がない。さらに右へまはる。それから急激に左へまはる。そこにも入口がない。次郎は自分の透明さに対する屈辱を感じる。

(「剣」、p. 260)

(21)は臨場的情景描写という点で非常に興味深い例である。代名詞 ce (=

this）は文脈指示的な用法と、空間ダイクシスとしての状況指示的な用法があるが、du haut de ce 39e étage（= from the top of this 39th floor）の ce が後者であることは明らかであろう。ついで、en haut（= at the top）、さらに ici が2度現れている。(22)はフレデリックとダンブルーズ夫人の2人が、競売会館を訪れる場面であるが、à droite、au fond（=at the back）、en dessous（= underneath）、à gauche、plus bas（= below）という空間ダイクシスが連続して出現する。これらの基準点になっているのはフレデリック個人でもなければ、ダンブルーズ夫人個人でもなく、両者に寄り添って移動する疑似主体と考えるべきであろう。(23)の「ここ」において、疑似主体は後続する文の「妙子」と一体化している、といえるかどうか、曖昧さがある。他方(24)の「右」「左」は明らかに「次郎」にとっての「右」「左」であり、疑似主体は「次郎」とほぼ同一化している、といえよう。

5 自由間接話法と「二重の声」

前節までの時間ダイクシスと空間ダイクシスの考察で明らかになったのは、以下の3点である。

- 「歴史」における発話行為は「歴史」外から行われる。しかし、疑似主体による疑似発話行為を許容する「歴史」がある。臨場感が求められる小説作品がその典型例である。
- 後者の「歴史」においては、発話行為は書き手による作中世界外からのものと疑似主体による作中世界内からのものが、併存することになる。
- 後者の「歴史」中には時間ダイクシスや空間ダイクシスが出現する。この場合、それらの基準点は任意の作中人物であるかのようなケースが多いが、基準点はむしろ疑似主体にあると考えるべきである。疑似主体が任意の作中人物寄りになると、基準点もそこにあるかのような印象が生まれる。

これらを受けて、本節では自由間接話法についてほぼ必ず言及される「二

重の声」について考察を試みたい。

　例えばマングノの以下の簡潔な説明は、「二重の声」の概念を代表するものであろう。

> Dans le prolongement des perspectives de M. Bakhtine on a peu à peu réalisé que dans ce type de citation (= le discours indirecte libre) on n'était pas confronté à une véritable énonciation mais qu'on entendait deux « voix » inextricablement mêlées, celle du narrateur et celle du personnage.
>
> （Maingueneau 1993: 105）
>
> （バフチンの観点を発展させて、この種の引用（＝自由間接話法）においては通常の発話行為ではなく、分かちがたく結びついた２つの「声」、つまり語り手（＝本稿の「書き手」にあたる）と作中人物の声を聞いているのだ、ということが徐々に認識されてきた。）（拙訳）

　ところでこのマングノが、「二重の声」の一方は特定の作中人物に還元できないこともある、というきわめて興味深い指摘をしている。例えばゾラの(25)のような例では、自由間接話法の文は１人の作中人物の台詞ではなしに、la bande (= the group)全体の台詞なのである。

(25)　La bande riait, en effet, croyant à un paradoxe, à une pose d'homme célèbre, qu'elle excusait d'ailleurs. <u>Est-ce que la suprême joie n'était pas d'être salué comme lui du nom de maître?</u> Les deux bras appuyés au dossier de sa chaise, il renonça à se faire comprendre, il les écouta, silencieux, en tirant de sa pipe de lentes fumées.

（Zola, *L'Oeuvre*. In Maingueneau 1993: 198）
（実際に一同は、許しはするけれども、そこに有名人の矛盾がある、気取りがあるとして嘲笑していた。<u>至上の喜びとは、大家といった呼び名であなたのように称えられるようなことではあるまいに？</u>両腕を椅子の背もたれに置いて、彼は理解してもらうことを諦め、パイプをゆっくりとふかしながら黙って彼らのいうことを聞いた。）（拙訳）

ところで小説のテキストを注意深く読み込むと、特定の作中人物に帰すことのできないこの種の自由間接話法の文は頻度こそ高くないが、けっして特殊な例外でもないことに気づくのである。またこれらは、以下の3種類に分類可能なように思われる。

・複数作中人物あるいは集団全体の統合された声
・その場に居合わせる、しかし匿名の観察者の声
・任意の作中人物のものか、匿名の観察者のものか曖昧な声

以下に、それぞれの具体例を提示したい。

・複数作中人物あるいは集団全体の統合された声

(26)　Ils (= Frédéric + Deslauriers) parlaient de ce qu'ils feraient plus tard, quand ils seraient sortis du collège. <u>D'abord, ils entreprendraient un grand voyage avec l'argent que Frédéric prélèverait sur sa fortune, à sa majorité. Puis ils reviendraient à Paris, ils travailleraient ensemble, ne se quitteraient pas ;— et, comme délassement à leurs travaux, ils auraient des amours de princesses, dans des boudoirs de satin, ou de fulgurantes orgies avec des courtisanes illustres.</u> Des doutes succédaient à leurs emportements d'espoir. Après des crises de gaieté verbeuse, ils tombaient dans des silences profonds.　　　　　　　　　　　　(*L'Éducation sentimentale*, pp. 59–60)
　　　（フレデリックとデローリエは）学校を出たら、ああもしよう、こうもしようと、将来の話しもした。<u>まず大旅行に出かける。金はフレデリックが成年に達すれば相続遺産分から先取りできるはずだから、それを充てる。旅行から帰ったらパリに住んで、いっしょに勉強し、片時も離れまい。—そして勉強の合間の気晴らしには、繻子張りの閨房で公爵夫人と恋をしたり、趣変わっては浮き名も高い遊び女を擁してどんちゃん騒ぎの宴を張る。</u>が、胸躍らせる希望のあとにはきまって懐疑がひかえていた。憑かれたように陽気にしゃべりまくっては、そのあとふたりとも急に黙りこくっ

128 阿部　宏

てしまうのだ。　　　　　　　　　　　　　　（『感情教育』上、p. 25））

(27)　La plupart des hommes qui étaient là avaient servi, au moins, quatre gouvernements ; et ils auraient vendu la France ou le genre humain, pour garantir leur fortune, s'épargner un malaise, un embarras, ou même par simple bassesse, adoration instinctive de la force. Tous déclarèrent les crimes politiques inexcusables. <u>Il fallait plutôt pardonner à ceux qui provenaient du besoin !</u> Et on ne manqua pas de mettre en avant l'éternel exemple du père de famille, volant l'éternel morceau de pain chez l'éternel boulanger.　　　　　　　　　　　（*L'Éducation sentimentale*, p. 363)
（座に居合わせた人たちの大部分は少なくとも四つの政体に仕えてきたのだ。自己の財産の保全のため、自分が辛い思いや厄介事をまぬかれるためなら、いや、なんのためといわず、ただの卑屈さから、権力への本能的な盲従から、祖国はおろか人類までも恬として売ったであろう。この御仁たちがいっせいに政治犯だけは絶対に許せないとのたまった。<u>窮し渇しての犯罪ならむしろ許せる！</u>かくて、一家の父親がおきまりのパン屋から、おきまりのパンの一切れを盗むという、おきまりのたとえが引かれた）

　　　　　　　　　　　　　　　　　　　　（『感情教育』上、p. 412)

　いずれも『感情教育』の例である。まず言明動詞（parlaient（＝ spoke、話した）、déclarèrent（＝ declared、のたまった））を含む文があり、自由間接話法の部分はそれに後続して出てきている。これは、自由間接話法が現れる典型的パターンである。だが、(26) における声は、主人公フレデリックのものでも、その親友デローリエのものでもない。なぜなら常識的に考えて、2 人の実際の会話は、時間をかけてより冗漫におこなわれたはずだからである。したがってここでは、その場で 2 人の会話を聞き、自分なりにそのポイントを簡潔に纏めて表現する主体の存在を仮定する必要があろう。自由間接話法では、時制や人称に書き手によって調整が加えられるとされるが、この種の内容面への操作も一種の調整といえよう。しかしこの場合、調整主体がもし書き手であるとすれば、地の文と変わらないものになってしまうであろう。したがって、書き手はあえて表現の調整主体は自らではなく、事態の現場に居

合わせる主体である、という装いを取る必要があるのである。

　(27) においても、宴会の参加者は口々にほぼ同じ主旨の発言をしたことは確かであろうが、用いた表現までそっくり同じだったというようなことは通常ありえない。またそれぞれの発言はこれほど簡潔ではなく、各人なりのニュアンスを含んだより長い台詞であったはずである。

　したがって、この種の自由間接話法は、書き手からはもちろんのこと、作中人物からも独立して、作中世界内で自立的な発話行為を行う主体の存在をむしろ積極的に示しているかのようである。

・ その場に居合わせる、しかし匿名の観察者の声

(28)　Dans sa mortelle angoisse, tous les dangers lui (= Julien) eussent semblé préférables. Que de fois ne désira-t-il pas voir survenir à Mme de Rênal quelque affaire qui l'obligeât de rentrer à la maison et de quitter le jardin ! La violence que Julien était obligé de se faire, était trop forte pour que sa voix ne fût pas profondément altérée ; bientôt la voix de Mme de Rênal devint tremblante aussi, mais Julien ne s'en aperçut point.

(*Le Rouge et le Noir*, pp. 106–107)

(あまりの苦しさに、どんな危険でもこれよりはましだと思われた。なにか急に用事ができて、レーナル夫人がやむをえず庭を離れて、家に戻るような事態になってくれればいいと、いくたび思ったかしれない。自分の気持ちを抑えようとやきもきしているうちに、声音がふだんとはひどく変わってきた。まもなく、レーナル夫人の声音もふるえをおびてきたが、ジュリアンはそれに気づかなかった。)　　　　　　　　　　(『赤と黒』、pp. 98–99)

(29)　Quelquefois aussi, elle lui parlait des choses qu'elle avait lues, comme d'un passage de roman, d'une pièce nouvelle, ou de l'anecdote du *grand monde* que l'on racontait dans le feuilleton ; car, enfin, Charles était quelqu'un, une oreille toujours ouverte, une approbation toujours prête. Elle faisait bien des confidences à sa levrette ! Elle en eût fait aux bûches de la cheminée et au balancier de la pendule. / Au fond de son âme, cependant, elle attendait un événement.　　　　　　　　（*Madame Bovary*, p. 134）

（ときにはまた、小説の一節とか、新しい戯曲とか、新聞の文化欄で語られ
ている上流社会の逸話とか、自分の読んだものを彼女は夫に話したが、そ
れはつまるところ、シャルルといえどもひとりの人間で、常に耳くらいは
開いていて、いつも相槌を打つ用意があったからだ。彼女はグレートハウン
ドにまで、打ち明け話をたくさんしていたではないか！暖炉の薪や時計
の振り子にだって、打ち明け話しをしていたかもしれなかった。／心の底
ではしかし、彼女は事件を待ち望んでいた。）（『ボヴァリー夫人』、p. 109）

　（28）における責任主体はジュリアンの心中を直接的に把握しているとい
う点では書き手的でもある。しかし自身は作中世界外にあって、客観性、冷
静、中立を保たなければならない存在である書き手が、自ら創造した作中の
事態に感嘆するであろうか。感嘆文は、その発話行為の責任主体がむしろ現
場で事態を目撃していることを示すものであろう。ここで書き手は作中世界
内の仮想的な主体、つまり疑似主体に表現の責任を一時的に委譲する装いを
とったのである [10]。（29）の下線部も、やはり同種の自由間接話法である。疑
似主体は作中世界にあってエンマの日常的言動を観察し、これに驚き、また
エンマがやりかねない行為について推測している。

・任意の作中人物のものか、匿名の観察者のものか曖昧な声

（30）　Ils（= Frédéric + Mme Moreau）s'asseyaient pour dîner, quand tintèrent
　　　à l'église trois longs coups de cloche ; et la domestique, entrant, annonça
　　　que Mme Eléonore venait de mourir./ Cette mort, après tout, n'était un
　　　malheur pour personne, pas même pour son enfant. La jeune fille ne s'en
　　　trouverait que mieux, plus tard. / Comme les deux maisons se touchaient,
　　　on entendait un grand va-et-vient, un bruit de paroles ; et l'idée de ce
　　　cadavre près d'eux jetait quelque chose de funèbre sur leur séparation.
　　　Mme Moreau, deux ou trois fois, s'essuya les yeux. Frédéric avait le coeur
　　　serré.　　　　　　　　　　　　　　　（*L'Éducation sentimentale*, pp. 174–175）

((フレデリックとモロー婦人が)夕食の席につこうとしたとき、教会の鐘が
ゆっくり三度鳴った。女中がはいって来て、エレオノール夫人が亡くなっ
たことを告げた。／夫人の死は、結局、だれにも、彼女の娘にさえも不幸
をもたらしはしなかった。この子の将来のためにはむしろましなくらい
だったろう。／つい目と鼻の隣同士だから、大勢の人の行き来や話し声が
聞こえてくる。亡骸が近くにあるという思いが、親子の別れになにか不吉
な影を落とした。モロー夫人は二、三度涙をぬぐった。フレデリックも胸
をつまらせた。)　　　　　　　　　　　　　　　(『感情教育』上、pp. 168–169)

(31)　Et, levant les yeux, il (= Frédéric) aperçut, à l'autre bout de la table, Mlle
　　　Roque. / Elle avait cru coquet de s'habiller tout en vert, couleur qui jurait
　　　grossièrement avec le ton de ses cheveux rouges. Sa boucle de ceinture était
　　　trop haute, sa collerette l'engonçait ; ce peu d'élégance avait contribué sans
　　　doute au froid abord de Frédéric. Elle l'observait de loin, curieusement ;
　　　et Arnoux, près d'elle, avait beau prodiguer les galanteries, il n'en pouvait
　　　tirer trois paroles, si bien que, renonçant à plaire, il écouta la conversation.
　　　Elle roulait maintenant sur les purées d'ananas du Luxembourg.

　　　　　　　　　　　　　　　　　　　　　　(*L'Éducation sentimentale*, p. 509)

(そして、視線をあげると、テーブルの向こうの端にいるロック嬢が目にと
まった。彼女は洒落たつもりで緑ずくめの衣装を着込んでいたが、その緑
ときたら赤い髪と色の調和がまるでとれず、みっともなかった。帯のバッ
クルが高い位置に来すぎているし、飾り襟のせいで猪首のように見える。
フレデリックが冷たい態度に出てしまったのは、この泥臭い身なりのせい
でもあったのだろう。彼女は遠くから注意ぶかく彼の様子をうかがってい
た。隣の席のアルヌーがなにやかやとご機嫌をとりに励んだが、それにも
ことば少なにしか答えない。とうとう彼のほうでもご機嫌をとりむすぶこ
とをあきらめ、一座で交わされている話に耳をかたむけた。リュクサンブー
ルのパイナップル・ピュレのことが話題になった。)

　　　　　　　　　　　　　　　　　　　　　　(『感情教育』下、pp. 187–188)

(30)の下線部は、フレデリックのものとも、モロー夫人のものとも、そ

の両者のものとも、あるいは町民全体の判断を表すものとも、いずれにも決めがたい。しかし、現場に居合わせ、エレオノール夫人の死に対する関係者全体の思いを感知している疑似主体に還元すべき声ではなかろうか。(31)において、ロック嬢は自分ではお洒落をしたつもりでいるはずで、このsans doute (= probably) を含む自由間接話法の文を彼女に直接的に還元するのは不自然である。しかしながらフレデリックの反応を見て、彼女が自分の服装を「泥臭」かったのか、と心中で後悔している可能性も排除はできず、曖昧さは残る。

　もし自由間接話法が間接話法の主節部分が省略されたもの、あるいは直接話法に人称と時制の調整が加えられたもの、にすぎないのであれば、「二重の声」の一方は必ず任意の作中人物に還元可能なはずである。しかし上記のような例の存在は、この表現形式は間接話法や直接話法と同レベルの話法ヴァリエーションの1つといったことを超えて、地の文中の時間ダイクシスや空間ダイクシスの出現とも原理的に連続する、作中世界における特殊な主観性の現象であることを示唆するものである。ここに観察されるのは、書き手とも任意の作中人物とも異なる主体の存在であり、その発話行為である。つまりダイクシス類におけると同様に、自由間接話法においても疑似主体による疑似発話行為の介入を想定しなければならないのである。この疑似主体が任意の作中人物と同一化したケースが、作中人物の声として認識されるのである。

6　日本語における作中世界からの声

　(14)(17)(18)(23)(24) などの例を通じて観察してきたように、日本語の地の文においても疑似主体の疑似発話行為を基準点とする時間ダイクシスや空間ダイクシスが現れる。この点でフランス語と日本語のダイクシス類は同様の振る舞いを示す、といえよう。

　ところで、日本語でも (2) に見たように心理や台詞が書き手のフィルターを通さずに直接的に提示される現象があることを指摘した。しかしダイクシス類の場合と異なり、この現象については日本語とフランス語で根本的な相

違が見られることを阿部（2015）で指摘し、これは両言語の過去の語りの枠組そのものの相違に起因するのではないか、という問題提起をおこなった。

　具体的には、日本語では時制に調整が加わらない。また人称には台詞の場合はやはり調整が加わらず、心理の場合は1人称類（ぼく、わたし、オレ、など）が「自分」に統一される、という別種の調整が施される、ということである。

　この日仏の対照について、本稿ではさらに以下の3点の指摘を追加したい。

・ フランス語の典型的地の文では、いずれも過去を表す単純過去形と半過去形が交替して現れる。これは、書き手が事態を過去に位置づけるためであり、この点では「歴史」外からの発話行為という枠組みが安定している。他方、日本語の典型的地の文ではむしろ、過去を表すとされる「た」形と現在を表すとされる「る」形が交替して現れることが多い。しかし、この現象は発話行為の基準点が作中世界の内と外とを頻繁に往復するといったことを必ずしも意味しない。なぜなら、そもそも「た」形自体が作中世界外から作中世界内の事態について語るという機能を常に果たすとは限らず、「た」形による発話行為が作中世界内の疑似主体によって担われている可能性もあるからである。したがって「た」形と「る」形の交替があっても、発話行為の基準点自体は作中世界内に固定されている可能性がある。つまり、全体として疑似主体の疑似発話行為の場合がありうる。

・ フランス語では自由間接話法にあっても時制と人称に調整を加え「二重の声」の一方を担う主体として書き手は存在感を示しているが、日本語では書き手の存在がゼロに近いほど希薄化する場合があり、もっぱら疑似主体が発話行為の唯一の責任主体として機能することも多い。

・ フランス語では、疑似主体が任意の作中人物と一体化することが多く、多くの場合に「二重の声」の一方は特定の作中人物によって担われる印象が生まれる。しかし、日本語では疑似主体は作中人物から独立していることも多く、その存在感はより濃厚である。また同一文中においてすら発話行為はこの両者の間で頻繁に交替されることがある。つまり、発話行為の主

134 阿部 宏

体が作中人物であるか疑似主体であるか、この峻別にかなり無頓着である。

例えば（32）（33）のような遠藤周作の小説の一節は、上記の各特徴を典型的に示すものであるが、けっして特殊な例外ではなく、むしろ日本語の地の文の一般的傾向を代表するものともいえるのではなかろうか。

（32） 夕方まで、彼（＝田中）はさきほどと同じように枕に横顔をあてて<u>じっとしていた</u>。暮れなずむ窓の遠くから車やバスの走るかすかな音がする。眼をつぶりそれを聞きながら、今、<u>自分</u>は巴里ではなく、日本の家にいるのだと思おうとしたが<u>無駄だった</u>。ここはたしかに巴里に<u>違いなかった</u>。そして<u>自分</u>はこの病院の中で一人ぼっちで<u>寝ていた</u>。今ごろ、あのブル・ミッシュ通りではキャフェの灯がにじみ、テラスでストーブにあたりながら騒いでいるだろう。今、あのアムラン町のホテルの<u>自分</u>の部屋はどうなっているだろう。管理人は荷物をすっかり運び出してくれたろうか。<u>田中</u>は弱い夕方の光がうすぎたなく差し込んでいる空虚な部屋を想像した。それは向坂が帰国したあとの、がらんとした部屋を<u>彼</u>に<u>思いださせた</u>。（遠藤周作『留学』、pp. 276–297）

（33） <u>自分</u>（＝工藤）は代金を払わずにこの煙草を受けとった。ああ言う場合、相手の気持を傷つけないで金を渡すにはどうした表現を使っていいのか、<u>彼</u>のまずい仏蘭西語ではうまく言えなかった。礼を言って店を出たが、<u>工藤</u>の掌には青年の汗ばんだ大きな手の感触だけではなく、なにか鬱陶しいものが、<u>残っている</u>。　　　　（『留学』、p. 12）

（32）では、その内容からも、下線部の人称が「彼」「田中」から「自分」になっていることからも、時間ダイクシス「今」の3回もの出現からも明らかなように、網掛け部分は主人公・田中の心理が直截に提示されたものである。「る」形に混じって、二重下線部のように「た」形が3ヶ所現れているが、全体が田中の心理である以上、これらの「た」は作中世界外から事態を過去に位置づけようという意図からのものではありえない。むしろ、「あれ、

こんなところにネコがいた。」のような、発話者、つまり田中と一体化した疑似主体にとっての「発見」を表す「た」の用法と考えるべきであろう。

　網掛け部以外の３つの「た」形についても、作中世界外の書き手に帰すべきものか、その場に居合わせる作中世界内の疑似主体に帰すべきものか曖昧である。またそもそも、日本語にはフランス語におけるような単純過去形と複合過去形の対立はなく、「た」形が過去を表すとしても、「歴史」的過去と「話」的過去と、このいずれにも用いられるのである。つまり、(32)全体は作中世界内で完結しており、網掛け部とそれ以外の違いは、疑似主体が田中と一体化したか分離したかの単なる違いである、とも解釈が可能である。

　(33)の網掛け部分は、内容からも「自分」という表現からも明らかに作中人物・工藤の心理である。また「た」形により事態が過去に位置づけられているとしても、そう位置づけたのは書き手ではなく工藤である。ところで、その後、人称は「自分」から「彼」へ、「彼」から「工藤」へと変わる。前者については、いちおう工藤と一体化した疑似主体から書き手へと責任主体が移ったとの解釈も可能であるが、しかし、後者の「工藤」を含む文は「る」形で終わっている。また前者の「彼」も後者の「工藤」も「自分」に置き換えて、(33)全体を工藤の心理として扱ってしまっても、日本人読者にさほど印象の違いは生じないのではなかろうか。つまりここでは、作中人物と疑似主体の区別が極めて曖昧なものになっている。

　フランス語の自由間接話法で時制や人称が調整されるのは、当該の心理や台詞に作中世界外からの操作が加わるため、つまりは疑似主体の疑似発話行為に書き手の発話行為が重なり、「二重の声」が機能するため、ということであった。しかし、(32)(33)のような例は、作中世界だけで完結する発話行為の可能性を示すかのようである。つまり、日本語の疑似発話行為を許容する「歴史」においては、書き手は疑似主体と同一化して、ゼロに近いまでに希薄化し、疑似主体がもっぱら発話行為の責任を担う、さらにこの疑似主体は作中人物と同一化したり、分離したりしながら語りが進行していく、という特徴が指摘できるのではなかろうか。

　この点で、野口(1980)の指摘は興味深い。彼は、江戸時代の戯作は台詞が中心で、その合間に作中世界内で事態を目撃している語り手による短い地

の文が挿入されるのが特徴であること、欧米語的な地の文の概念、つまり作中世界外的な書き手の概念がそもそも不在であること、これに対し二葉亭四迷が作中世界外的な書き手の存在の確立を試みたこと、結果的に彼の代表作である『浮雲』が、戯作的残滓を残した第1編から第2編へと、以下のように文体を変化させていることを指摘している。

> (…)ここ(＝第2編)ではあの饒舌な語り手(＝作中世界内の語り手)はしだいに沈黙しはじめている。そのかわりに作者が―二葉亭がというのではなしに、話法構造中の一機能としての作者が、地の文からさえ主人公の内面の声を読者に伝えはじめるのである。(野口 1980: 130)

　疑似発話行為は「歴史」に臨場感を創出するために要請される、と述べた。しかしこの臨場感が過多になれば、「歴史」を「歴史」外から語るという語りの枠組みが崩壊に瀕してしまうであろう。「歴史」は、いわば語りの枠組みの保持と臨場性の追求というベクトルの異なる力がせめぎ合う場なのである。前者を重視すれば現在からの過去の回顧ということになり、安定した基盤に依拠した客観的情報としての真実性が高まるが、記述内容は無味乾燥なものとなり、臨場性は薄れてしまう。後者を追求すれば、読者は記述される世界と一体化し、事態は精彩を帯びるが、事態を過去に据える書き手の存在、つまりは記述の基盤そのものが危うくなり、記述内容は過去の事実なのか架空の事態なのか曖昧なままに宙に浮いてしまうであろう。フランス語はダイクシス類や自由間接話法により臨場性を発動させつつ、時制や人称という文法の根幹部分で「歴史」的特徴を守り、語りの枠組みを保持する方策をとっている。他方、日本語は臨場性のみであった語りから、欧米語的な作中世界外からの語りのスタイルを模索し、記述内容に客観性の装いを与える方向性をとった。しかし日本語には、やはり作中世界優位の傾向が顔を出しやすい、とさしあたってはいえるのではなかろうか。歴史の記述とは異なり、小説に描かれる世界については、読者もそれを架空であるとはじめから認識しており、欧米語のようにあえて作中世界外からそれを真実めかして語る装いをとる必要性は原理的にないはずである。したがって、両言語の違い

は単に語りのスタイルの違いであり、優劣の問題ではない。しかし、欧米語の自由間接話法は、日本語よりも窮屈な枠組みの間隙を縫って追求される僅かな自由さであり、それゆえに独特の表現効果を発揮する、ともいえるのではなかろうか。

7　その他の問題

　地の文中の疑似主体現象に関わるその他の現象について、阿部 (2014, 2015) で、次のような指摘を行った。

・ aller (= go) と venir (= come)、は単なる移動のみならず、それぞれ発話者から離れる、発話者に近づく移動を表すという意味でダイクシス的動詞であるが、地の文中で不自然さを感じさせないのは、疑似主体が基準点として機能するためである。
・ heureusement (= fortunately) や probablement (= probably) などのモダリティ副詞も地の文に頻出するが、これらの判断主体もやはり疑似主体と考えなければならない。

　本節ではこれらに加えて、sembler (= seem) と「みえる」について、簡単に考察してみたい。
　sembler の基本的意味は「ある対象が、ある人に〜のようにみえる」ということであり、知覚主体の存在を前提とする表現である。また、これが明示されない場合は、知覚主体は自動的に発話者ということになる。これは日本語の「みえる」についても同様である。
　しかしこれら sembler と「みえる」は、(34)(35) のように地の文に頻出するのである。

(34)　Un air humide l'enveloppa ; il (= Frédéric) se reconnut au bord des quais. / Les réverbères brillaient en deux lignes droites, indéfiniment, et de longues flammes rouges vacillaient dans la profondeur de l'eau. Elle était de couleur ardoise, tandis que le ciel, plus clair, <u>semblait</u> soutenu par les grandes masses d'ombre qui se levaient de chaque côté du fleuve.

(L'Éducation sentimentale, p. 107)

((フレデリックは)湿っぽい空気に身を包まれてふと気がつくと、河岸に出ていた。／街燈がまっすぐ二列に、どこまでも輝き、長く延びた赤い焔が水底にゆらめいた。水はスレート色だが、空はほのかに明るく、両岸にうずたかくわだかまる大きな影のかたまりに支えられているかに<u>見える</u>。)

(『感情教育』上、p. 85)

(35)　向坂の部屋で、兎肉のパテをぬったパンとキャマンベールのチーズとで簡単な食事をとると、二人はうすい膜のように霧がはりはじめたアムラン町をおりた。その霧に八百屋や薬屋の灯が寒々とにじんでいた。巴里は沈鬱な街というよりもむしろ、陰気で荒寥とした都市のように<u>みえた</u>。田中はふたたび、両側の建物も汚れた塀も、自分を突き離してくるのをひしひしと感じた。　　　　(『留学』、p. 95)

　(34)の sembler を含む文はもちろん自由間接話法ではなく、通常の地の文である。しかし、この文を全面的に書き手に帰すわけにはいかないのではなかろうか。なぜなら sembler の知覚主体は作中世界の外ではなく、作中世界内に位置している必要があるからである。しかし、半過去形を用いてこの事態を過去に据えたのは書き手である。したがってここでは、一方で sembler の作中世界内の知覚主体、他方で地の文の責任主体たる作中世界外の書き手という、自由間接話法の「二重の声」的現象をやはり想定しなければならないであろう。しかしこの作中世界内の知覚主体が誰であるのか、作中人物のフレデリックとも彼から独立した疑似主体とも決めがたい曖昧さがあるのではなかろうか。これはダイクシス類の基準点の曖昧さと平行する現象で、結局は疑似主体と作中人物の距離をどの程度に見積もるか、という曖昧さなのである。(35)についても同様に、「みえる」の知覚主体は田中だけなのか、田中と向坂の2人なのか、あるいは彼らから独立した疑似主体なのか曖昧であるが、やはり同種の現象といえよう。

8 まとめ

　語りの責任主体という問題について、欧米語の自由間接話法は興味深い題材を提供する。本稿では、書き手の声とはまた別に作中世界から直接的に聞こえてくるとされる声が、地の文中でのダイクシス類などとも共通の原理に基づいたものであることを述べた。

　バンヴェニストは発話行為に「話」と「歴史」の峻別を主張したが、これは彼の時間論では言語的時間とクロノス的時間の区別に対応するものである。しかし「歴史」には、バンヴェニストが考えたようなもっぱら書き手によって「歴史」外から語られる純粋な「歴史」と、臨場感の要請から疑似主体による疑似発話行為を許す「歴史」とを区別する必要があるのではなかろうか。後者においては、疑似発話行為、つまり疑似「話」が潜在的に機能しており、時にダイクシス類や自由間接話法として発現してくるのである。

　地の文中のダイクシス類の振る舞いについては仏日で原理的相違は観察されないが、書き手の声と疑似主体の声が二重化した自由間接話法に厳密に相当する表現形式を日本語は欠いている。一般的に、日本語の地の文においては疑似主体の存在感が濃厚で、書き手は希薄化しやすい。

　その他、日本語の地の文には知覚主体の存在を前提とする補助動詞「ていく」「てくる」や擬態語が頻出するなど、フランス語にはない特徴がある。疑似主体およびその仏日対照については残された問題も多いが、今後の課題としたい。

注

1　実際には、主節が挿入節化した、つまり従属接続詞を欠く間接話法、引用符なしの直接話法など、典型例におさまらないヴァリエーションも観察される。

2　単なる瞬間を意味する場合もあれば、相当な幅をもった時間帯を意味する場合もある点では、フランス語の maintenant も日本語の「いま」も共通している。しかし、この両者でニュアンスに違いが出る場合がある。例えば、「いまかれは代議士だが、次の選挙で落選するかもしれない」は自然だが、? Maintenant il est député mais il risque d'être battu aux prochaines élections. には不自然さが伴う。Maintenant は「いま」よりも過去との対比の含意が強く、あえて未来との対比を強調するような文脈にすると、落ち着かないようである（阿部 1996: 330–331、阿部 1997: 22–23）。しかし、本稿ではこの問題には踏み込まない。

3　このライヘンバッハ的時間概念をフランス語の時制、アスペクト、時の副詞的表現に適用したのが、ヴェットである。彼は Maintenant il se sentait découragé（いま彼は落胆していた）などの、半過去形と maintenant との共起関係にも言及しており、これを Il disait : "Maintenant je me sens découragé"（彼は「いま僕は落胆している」といった）が自由間接話法化したもの、としている（Vet 1980: 110–111）。しかし実際上、地の文中の maintenant の頻度は非常に高く、自由間接話法中の maintenant は、それらの現れのごく一部にすぎないのである。

4　「ディスクール（discours、「話」）」は、後述するように「歴史（histoire）」とともに彼の時制論における基本概念であるが、この引用中では発話行為とほぼ同義で用いられている。

5　énonciation の訳で、本稿の「発話行為」にあたる概念である。

6　「無限定過去」とは、ギリシャ語やサンスクリット語の時制「アオリスト（aoriste）」の訳であるが、ここではフランス語の単純過去形を指して用いられている。「未完了過去」は半過去形、「予見時称」とは近接未来形などが半過去形におかれたもの、「完了」は複合過去形のことである。

7　本稿では各時制の機能分析には踏み込まないが、単純過去形について指摘されることの多いアオリスト的性質（＝連続して用いられ、各継起的事態を表す）は、この時制の内的機能ではなく、この時制がクロノス的時間上に配置された事態の記述に用いられることが統計的に多い、という事実を反映するにすぎないのではなかろうか。

8　例えばクルムは半過去形と共起した maintenant は「過去の現実の再経験、といった非常に強い印象（une très forte impression d'une actualité passée vraiment revécue）」（Klum 1961: 164）を喚起する、としている。これはヴュイヨーム説を素朴な形で先取りしたもの、ともいえよう。

9　厳密には、ヴュイヨームは、以前の状況の回顧から本来の事態の時点に復帰した場合、つまり D の時点から例えば B の状況を振り返り、それからまた D の事態の記述に戻るような場合に maintenant が現れやすいことを指摘している。

10　単純過去形におかれる自由間接話法があるかどうかについては、議論があろう。しかし例えば、以下のような単純過去形の例も、内容から考えても、感嘆符から考えても、明らかに自由間接話法ではなかろうか。興味深いのは、この下線部の表現についてもやはり読者は作中人物から距離を感じるということである。地の文とは明らかに異質であるが、

しかし作中人物の心理が直截に提示されているわけでもない。いわば、作中世界内の匿名の何者かが、作中人物の明確には言語化されていない心理のポイントをあえて簡潔に1文に纏めて、代弁しているかのような印象があるのである：Mais quand elle (= シャルルの最初の妻) sut qu'il avait une fille, elle alla aux informations ; et elle apprit que mademoiselle Rouault, élevée au couvent, chez les Ursulines, avait reçu, comme on dit, *une belle éducation*, qu'elle savait, en conséquence, la danse, la géographie, le dessin, faire de la tapisserie et toucher du piano. Ce fut le comble ! / - C'est donc pour cela, se disait-elle, [...] (*Madame Bovary*, p. 75) (ところがルオー氏に娘がいることを知ると、問い合わせに出かけ、そして、ルオー嬢がウルスラ会の修道院で教育されて、いわゆる立派なしつけを受けていて、その結果、ダンスもできれば地理やデッサンもわきまえ、タペストリー刺繍もやれるし、ピアノも弾けることを聞き及んだ。あんまりだ！／「してみるとそのためだったのか」と彼女は思った。)(『ボヴァリー夫人』、p. 34)

参考文献

Détrie, Catherine. (2011) À GAUCHE, À DROITE, ETC.-- De l'espace du descripteur et de la description à celui du lecteur. In Bertrand Verine et Catherine Détrie. (eds) *L'actualisation de l'intersubjectivité, de la langue au discours*, pp. 139–156, Limoge: Lambert-Lucas.

Jouve, Dominique. (1992) *Maintenant* et la deixis temporelle, In Morel, Mary-Annick & Danon-Boileau, Laurent (éds) *La deixis*, pp. 355–363. Paris: PUF.

Klum, Arne. (1961) *Verbe et adverbe*. Stockholm: Almqvist & Wiksel.

Maingueneau, Dominique. (1993) *Eléments de Linguistique pour le texte Littéraire* (troisième édition). Paris: DUNOD.

Reichenbach, Hans. (1947) [1952] *Elements of symbolic Logic*. New York: Macmillan Company.

Vet, Co. (1980) *Temps, aspects et adverbes de temps en français contemporain*. Genève: Droz.

Vuillaume, Marcel. (1990) *Grammaire temporelle des récits*. Paris: Minuit.

阿部宏 (1996)「maintenant の多義性について」『言語と文化』(東北大学言語文化部) 6 号、pp. 319–340

阿部宏 (1997)「フランス語学と電子コーパス」『フランス語フランス文学研究』(日本フランス語フランス文学会) 71 号、pp. 70–81

阿部宏 (2014)「過去の語りに潜在する「わたし」・「いま」・「ここ」」『フランス語学の最前線 2・【特集】時制』(春木仁孝・東郷雄二編)、pp. 401–430、ひつじ書房

阿部宏 (2015)「疑似主体に基づく主観性について─自由話法の仏日対照を中心に─」『フランス語学の最前線 3・【特集】モダリティ』(川口順二編)、pp. 329–357、ひつじ書房

バンヴェニスト、エミール (1983)「フランス語動詞における時称の関係」『一般言語学の諸問題』(岸本通夫監訳)、pp. 217–233、みすず書房 (Benveniste, Emile. (1959 [1966]) Les relations du temps dans le verbe français. In Benveniste, Émile *Problèmes de linguistique générale*, 1, pp. 237–250, Paris: Gallimard.)

バンヴェニスト、エミール (2013)「言葉と人間の経験」『言葉と主体――一般言語学の諸問題―』(阿部宏監訳、前島和也・川島浩一郎訳)、pp. 66–78、岩波書店 (Benveniste, Emile. (1965 [1974]) Le langage et l'expérience humaine, In Benveniste, Émile *Problèmes de linguistique générale*, 2, pp. 67–78, Paris: Gallimard.)

野口武彦 (1980)『日本語の世界 13・小説の日本語』中央公論社

例文出典

Flaubert, Gustave. *Madame Bovary*. Paris: Le livre de poche.(フロベール『ボヴァリー夫人』(芳川泰久訳)新潮文庫)

Flaubert, Gustave. *L'Éducation sentimentale*. Paris: Le livre de poche.(フロベール『感情教育』(山田𣝣訳)河出文庫。全 2 巻)

Kristeva, Julia. *Les Samouraïs*. Paris: Gallimard Folio.(ジュリア・クリステヴァ『サムライたち』(西川直子訳)筑摩書房)

Maupassant, Guy de. L'Auberge. *Contes et nouvelles*, II, pp. 784–796. Gallimard Pléiade(「山の宿」『モーパッサン短編集』III (青柳瑞穂訳)新潮文庫)

Stendhal. *Le Rouge et le Noir*. Paris: Gallimard Folio classique(スタンダール『赤と黒』(小林正訳)新潮文庫。全 2 巻)

遠藤周作『留学』新潮文庫

玄侑宗久『中陰の花』文春文庫

石川美子『ロラン・バルト』中公新書

水上勉「雁の寺」『雁の寺・越前竹人形』新潮文庫

三島由紀夫「剣」『決定版・三島由紀夫全集』20 新潮社

三島由紀夫『肉体の学校』ちくま文庫

中上健次『枯木灘』河出文庫

佐藤優・池上彰「新・教育論」『文藝春秋』2015 年 11 月号

矢口祐人『ハワイの歴史と文化』中公新書

山根智恵 (2002)『日本語の談話におけるフィラー』くろしお出版

心的視点性と体験話法の機能について
ドイツ語の場合

三瓶裕文

1　はじめに

1.1　目的、対象、先行研究

　物語の作中人物の発言や思考を、語り手が仲介者として読者に伝えるために、語り手には一連の言語的手段が提供されている。直接話法、間接話法、体験話法〈erlebte Rede〉[1]、自由直接話法（内的独白〈Innerer Monolog〉）などである。すなわち、これら複数の表現可能性のうち、どの話法を使い、どの話法を使わないかという選択は、語り手の一存に任されていることになる。Stanzel (1964: 3) の言明「異なった語りの文体や仕方は、それに応じたさまざまな効果を聴き手や読者に及ぼす」を出発点に、本稿の目的は、ドイツ語において語り手が体験話法を選択使用する理由、すなわち、体験話法が他の話法と異なるどのような特性や機能をもつのか、またそれらの機能が生じる仕組みを明らかにすることにある。

　ドイツ語の体験話法研究において今日でも最も重要な研究と目されるのは Steinberg (1971) である。ドイツ語はもとより、英語やフランス語のテクストを素材に、体験話法の全般的特性、わけても文法的特性が詳細に記述されている。その他の重要な研究（紙幅の都合で一部のみ）としては、まずは「語りの状況 (Erzählsituationen)」の区別を軸とする語りの理論を提示し、以後の語りの理論に大きな影響を与えた Stanzel (1964, 1979) がある[2]。また Herdin (1905) は würde + 不定形が体験話法の合図であることを示した。さらに Fludernik (2006), Kühn (1988), Socka (2004), Roncador (1988)、保坂 (1985)、鈴木 (2005) があり、それぞれの立場で、多岐にわたるテクストを

素材に包括的かつ精緻な研究を展開している。

1.2　理論的基盤：心的視点、認知的原理「近ければ近いほど直接的知覚」

　本稿の理論的基盤は、表題にもある「心的視点性」とそれを軸とする認知的原理「近ければ近いほど直接的知覚」である。「視点」は学際的な概念であり、例えば絵画、映画、心理学、物語論、そして言語学においても重要な役割を演じているが、当座、人間の目の位置（視座）と理解する。本稿で重要なのは身体的視点と心的視点の峻別である。身体的視点は〈今、ここ、私〉という、話者が発話時に物理的にいる原点（Origo）[3] に自己を中心に固定された（egozentrisch-fixiert）視点である。対象との間は物理的な距離である。これに対し、心的視点は対象との間の心的距離の遠近[4] が問題となる。例(1)のように同一の事態を表すのに、(1a)、(1b)のような複数の表現がある。

（１）a. 太郎が次郎をぶった。（能動文）
　　　b. 次郎が太郎にぶたれた。（受動文）

受動文の機能の１つは話し手が行為の対象（次郎）を自分に心的に近いと認識していることの言語的反映と解される。その証拠に〈共感的〉な「かわいそうに」と親和性が高いのは(1b)であって(1a)ではない。

（１）′a. ??かわいそうに太郎が次郎をぶった。（能動文）
　　　 b. かわいそうに次郎が太郎にぶたれた。（受動文）

　サッカーの試合結果を報じる (2)のように、同一の事態でも、話者がどちらのチームを自分にとって心的に近いと認識するかが言語的に異なって反映する。

（２）a. Italien schlägt Deutschland. 1: 0 Erfolg gegen das DFB-Team.
　　　　 イタリアがドイツチームに１対ゼロで勝利

（ORF-Textaktuell オーストリア国営放送‐時事テクスト 2003.8.21）

b. Pech gehabt: Deutsche Elf verliert 0 : 1 gegen Italien.

不運だった：ドイツイレブン、イタリアに 0 対 1 で敗北

（Augsburger Allgemeine アウクスブルガーアルゲマイネ紙 2003.8.21）

ドイツ–イタリア間のサッカーの試合結果が語彙的（schlagen「勝つ」または verlieren「負ける」）および統語的（主語の選択：ドイツかイタリアか）に異なって報道されている。オーストリア放送(2a)では勝者イタリアが主語に選ばれ、それに応じて schlagen「勝つ」が用いられている。それに対し、ドイツの新聞では、ドイツチームが主語にされ、それに伴って verlieren「負ける」が選ばれる。語彙的な選択 schlagen/verlieren ならびに主語化はどちらのチームが書き手にとって心的により近いかに依拠しているとの推論が成り立つ。

次に Schecker (1998) によって行われた実験を見てみよう。図 1 の事態が話者の対象への心的近さによって(3a), (3b)のように異なって表現される。

*

図 1　心的近さと主語化

(3)a. Über einer Linie befindet sich *ein Stern*. 線の上に星がある。

b. Unter einem Stern befindet sich *eine Linie*. 星の下に線がある。

（Schecker 1998: 134f.）

Schecker (1998)によると、被験者の 90％は星を主語(3a)とし、線を主語(3b)にしたのはわずかに 10 パーセントにとどまる。この実験結果から話し手は上にある星の方が下にある線よりも自分に心的に近いと認識し、自分のそのような心的・視点的近さの言語的反映として、星を主語にすることがわかる。

以上、心的距離を軸とする心的視点のありようが言語的に反映することを見た。さらに重要なこととして、心的視点は、原点に固定されている身体的視点とは異なり、「移動性」を持つ。(4)の新聞記事である。

（4）　幼い子供が二人、原っぱで遊んでいた。一人が誤って穴に落ちてしまう。もう一人の子は家に駆け戻り、大人の助けを求めた。「××ちゃんが高い穴に落ちちゃったよ…」。深い穴、ではない。教師の知人からずいぶん昔に聞いた話でうろ覚えだが、実話という。知人いわく、助けを求めた子は穴を上から見下ろすのではなく、友だちと一緒に穴の底にいる気持ちでいたから、"高い穴"になったのだろう、と。相手の身になったとき、おのずと生まれ出る言葉がある。（強調は三瓶）　　　　（読売新聞 2011.4.15 編集手帳）

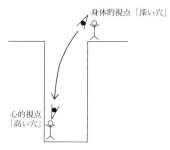

図2　身体的視点と心的視点

大人に通報した子は、自分が発話時に物理的にいる位置、すなわち身体的視点からでなく、心的視点を穴に落ちた子に接近させ、穴の底にいる子の視点から穴を認識したからこそ、深い穴でなく、高い穴となったわけである。

このように、心的視点は、話者が物理的に存在する原点と対象の間のスケール上を対象との心的距離に応じて移動する。

図3　心的視点の移動性

心的視点の移動性は、例(5)のように詩人が雪を心的に近く感じれば、自分の心的視点を雪にさえ移動することを可能にする。そうして詩人は雪があたかも感覚や感情をもつ生き物であるかのように雪の感覚や感情を共体験的に描き出すことができる。

（5）　積った雪

上の雪
さむかろな。
つめたい月がさしていて。

下の雪
重かろな。
何百人ものせていて。

中の雪
さみしかろな。
空も地面（じべた）もみえないで。　　　　　　　　　（金子みすゞ 2011: 170f.）

金子みすゞ（1903–1930）は自身も当時「寒く、重く、さみしい」感情を抱いていた。すなわち金子みすゞには雪が心的に近く、雪に自己投影しやすかったわけである。自分の心的視点を上・下・真ん中それぞれの層の雪に<u>近づける</u>ことによって、擬人化した雪の感情（寒く、重く、さみしい）をいわば<u>直接的に知覚・共体験</u>して描いている。心的視点の移動性がなかったならばこの共感的な詩は生まれなかったであろう。

　これまでの観察から、今後の見通しをよくするために、心的視点の移動性と認知的原理「近ければ近いほど直接的知覚」及びこれらに基づく体験話法の輪郭を素描する。

認知的原理「近ければ近いほど直接的知覚」：話者の心的視点が対象に近い ⇔ 対象をいわば「直接知覚」できる。

体験話法：語り手が心的視点を作中人物に近づけることで、語り手は、本来外からは窺い知れない作中人物の内心（思考や知覚）を「近く」からいわば直接知覚でき、作中人物の内心の共体験的な再現ができる。

148 三瓶裕文

本節でごくかいつまんで述べた心的視点性と認知的原理という理論的基盤に加えて、映画の撮影技法の「主観カメラ」と発達心理学の「共同注意」という2つの概念も体験話法の機能を考察する際に援用するが、それぞれ該当する節(3.2.1、3.2.2)で導入する。

2 直接話法、間接話法

本節では体験話法の特性と機能を浮き彫りにするための下地作りとして直接話法と間接話法を観察する。その際の主眼は作中人物の元の発話や思考のどの要素がそのまま再現され、どの要素が変更を受けるか、さらにはそもそも再現されないかを見ることにある。

2.1 直接話法：〈導入部(語り手の視点)＋再現部(作中人物の視点)〉

直接話法においては定義上、作中人物の元の発話や思考が直接、すなわち語り手による介入も編集もなく、そのままオリジナルに忠実に再現される[5]。注意すべきは、直接話法は2つの部分からなるということである。すなわち導入部(ある人が「言う」、「思う」など)と発話・思考再現部[6]である。導入部は sagen「言う」や denken「思う」のような伝達動詞(verbum dicendi)によって、誰が発話や思考の主体であるかを明示する。

（6）　„Ich finde die Mädchen sehr nett", *sagte Johnny Trotz*. „Und ich hab eine
　　　　Tante, die kann boxen", *bemerkte Matthias stolz*. „Los, los!" *rief Martin*.

　　　　　　　　　　　　　　　　　　　　(Kästner, *Das fliegende Klassenzimmer*: 22)[7]

　　　　「ぼくは、あの女の人たち、とてもかわいいと思うけどな」と、ジョニー・
　　　　トロッツが言った。「おれのおばさんは、ボクシングやるんだぜ」マティア
　　　　スが自慢した。「さあ、始めよう！」マルティンが叫んだ。　　(池田訳：37)

イタリックにした導入部はそれぞれの発話の主体が誰であるかを示している。視点的には、導入部は語り手の視点、再現部は作中人物の視点である。つまり視点は導入部と再現部で分裂している[8]。

心的視点性と体験話法の機能について　149

　直接話法においては、命題内容に対する話者の心的態度を表す心態詞や直示表現のような主観的表現と並んで有標表現[9]もそのまま取り入れられ再現される。有標表現は話者の対象に対する主観性・強調を含意する[10]。次の直接話法の例（7）で斜体字の再現部は有標の語順で主観性・強調の反映として機能している。点子の親友 Anton をめぐっての先生と点子の対話である。

（7）　„Also, was ist mit dem Anton?“ *In der Rechenstunde eingeschlafen ist er*“, erzählte Pünktchen.　　　　　　　　（Kästner, *Pünktchen und Anton*: 80）
　　　「それで、アントンがどうかしたのかい？」「算数の時間に眠ってしまいました。（…）」　　　　　　　　　　　　　　　　　　　（池田訳：102）

無標の語順は次のようになろう：Er ist in der Rechenstunde eingeschlafen.
　　　　　　　　　　　　　　　彼は算数の時間に眠り込みました。
（8）においては、b）文での有標の文構造に加えて主観性の反映である心態詞 doch が a）と b）で使われている。少年 Anton の発言である。

（8）　a）Der Junge […] sagte: „Meine Mutter heißt *doch* nicht Anton. b）*Anton heiße doch nur ich*.“　　　　　　　　（Kästner, *Pünktchen und Anton*: 29）
　　　「母さんは、アントンって名前じゃないよ。アントンっていうのは、ぼくだけ」　　　　　　　　　　　　　　　　　　　　　　　（池田訳：40）

音調的にも直接話法はできるだけ作中人物に似た声で読まれる[11]。なお（7）、（8）とも池田訳では導入部「点子は言った」、「少年は（…）言った」が訳出されていない。文脈や文体・役割語など―（7）では先生に対する丁寧体、（8）では男の子言葉―から発言の主体が明らかなためであろう。
　以上の観察から直接話法は次のように特徴づけられる。〈元の発話・思考に忠実な再現、作中人物の生の声、主観（強調）的〉。端的に言うと「生の迫力」である。このような特徴のために、遠慮のない仲間内の心的に近い者同士の「方言」は直接話法で<u>のみ</u>表現される[12]。
　頻度は少ないが、「思考」の再現としての直接話法もある。例（9）、（10）

である。

（ 9 ） „Wäre ich nur schon dort!" dachte Peter.　　（Wölfel, *Der rote Rächer*: 23）
　　　　「もうあそこに着いていたらどんなにいいかなー！」とペーターは思った。
　　　　　　　　　　　　　　　　　　　　　　　　　　　　　　　　（三瓶試訳）

思考の再現の直接話法には例文（10）のように、引用符のない直接話法が多い[13]。

（10）　*Nein*, dachte Nina, *ein Engel ist das nicht. So sprechen Engel nicht.*
　　　　　　　　　　　　　　　　　　　　　（Pausewang, *Gott!*: 104）
　　　　違うわ、ニーナは考えた、天使じゃないわ、この人。こんな話し方を天使
　　　　はしないもの。　　　　　　　　　　　　　　　　　　　　　（三瓶試訳）

このように直接話法の再現部では作中人物の元々の発話や思考がオリジナルに忠実に再現される（＝作中人物の視点性）[14]。この点に、語り手が自分の視点から加工・編集して再現する次節（2.2）の間接話法との違いが存する。

2.2　間接話法：〈語り手の視点性優勢：距離感、中立性〉

　間接話法では、語り手は作中世界の作中人物から視点的に距離を置く、すなわち作中世界の外の視点をとり、語り手の原点（Origo）から作中人物の元の発話を編集・再現する。

（11）　Der Justus erkundigte sich, ob er zur Generalprobe kommen *dürfe*. Sie
　　　　sagte, er *dürfe* selbstverständlich.
　　　　　　　　　　　　　　（Kästner, *Das fliegende Klassenzimmer*: 98）
　　　　正義先生は、その総ざらいを見にいってもいいかとたずねました。もちろ
　　　　んかまいませんとも、と二人はいいました。　　　　　（山口訳：166）

間接話法では語り手の視点から原則的に[15]1から4のような変換が行われる。

1. 人称の転換 [1人称→3人称(ich 私は → er 彼は、mein 私の → sein 彼の)など]
2. 法の転換(直説法→接続法 I 式)[16]：接続法 I 式は、事実性に関しての特性〈距離感と中立〉の故に、語り手の視点からの引用である間接話法に適する[17]。(11)でイタリックは接続法 I 式である。
3. 時や場所のような直示表現の転換 [morgen 明日 → am nächsten Tag 翌日、hier ここ → dort あそこ、など]
4. 主観性の濾過：心態詞、感嘆符、方言、有標の語順・破格の文構造など、主観性を含意する表現は、間接話法では―直接話法とは異なり―そのままでは取り入れられず、語り手の視点から無標表現に置き換えられたり加工されたりする。作中人物の主観性はいわば濾過される。

　以上のことから、典型的な間接話法は、作中人物から心的・視点的に距離が置かれた中立で客観的な語り手の態度を含意する。従って間接話法では作中人物の声ではなくむしろ語り手の声が優勢となる。
　そこで、間接話法の特性〈距離を置いた、中立的、客観的〉を示す典型例を見てみよう。新聞は、建前として中立の立場をとっているので、新聞というテキストの種類には、中立性と客観性に特徴づけられる間接話法が適している。次の新聞記事はドイツの高速道路の有料化に関する 3 人の政治家による議論であるが、記事の書き手が 3 人の話し手(Schröder, Stoiber, Kohl)に対して均等な距離を保っていることが間接話法の使用に見てとれる。間接話法は真偽値にも賛否にも関係せず中立の態度を保つことができる。

(12)　Den deutschen Autofahrern *seien* keine weiteren Belastungen zuzumuten, sagte *Schröder*. [...] Der Straßenbau *müsse* wie bisher aus dem allgemeinen Steueraufkommen finanziert werden. *Stoiber* wies dies als „unglaubwürdig" zurück. Schröder *habe* erst vor kurzem eine Erhöhung der Mineralölsteuer [...] angekündigt. [...] Auch Bundeskanzler Helmut *Kohl* (CDU) hat sich in die Debatte eingeschaltet. [...] Einerseits *sei* den Autofahrern keine weitere Belastung zuzumuten [...]　(Bietigheimer Zeitung, 23. 7. 1998)
　　ドイツの自動車運転者たちにこれ以上の負担を無理に求めるべきではな

い、とシュレーダーは発言した。(…)道路建設はこれまで通り一般税収で
まかなわれなければならないと。これをシュトイバーは「信用できない」
として退けた。ガソリン税の引き上げをつい最近シュレーダーは(…)発表
したばかりなのだからと。連邦首相ヘルムート・コール(キリスト教民主同
盟)も議論に割って入った。(…)確かに自動車運転者にこれ以上の負担は無
理に求めるべきではないとはいえ(…)と。

(ビーティックハイム新聞　1998年7月23日)(三瓶試訳)

　例(13)で八歳の女の子Ninaは、ある不良少年に出会う。彼は自分が盗ん
だパソコンを、巡回中の警察官が近くにいる間Ninaが預かるように命じる。

(13)　„Glaubst du an einen Gott?", fragte sie (Nina) vorsichtig. „Waaas?" Er
　　　starrte sie an, als hätte sie ihn gefragt, ob er Pampers *trage*.

(Pausewang, *Gott!*: 47)

　　　「神様っていると思う?」彼女(ニーナ)はおそるおそる尋ねた。「何だっ
　　　てー?」少年は、まるでニーナが少年にパンパースを履いているかと尋ね
　　　たのように、ニーナを凝視した。　　　　　　　　　　　(三瓶試訳)

「神様っていると思う?」という質問が少年には「パンパースを履いている
の?」という質問に譬えられるくらいおどろきであり、この突拍子もない
ユーモラスな比喩には、却って冷静・中立な接続法Ⅰ式が効果的である。
　間接話法の距離を置いた中立性は時に語り手が作中人物とは意見を異にす
ることを示唆することがある。例文(14)である。

(14)　a) Ihr Vater, der Herr Pogge, war Direktor einer Spazierstockfabrik. b)
　　　Er verdiente viel Geld, und viel zu tun hatte er auch. c) Seine Frau,
　　　Pünktchens Mutter, war allerdings anderer Meinung. d) *Sie fand, er*
　　　verdiene viel zuwenig Geld und arbeite viel zuviel.

(Kästner, *Pünktchen und Anton*: 10)

　　　a)おとうさんのポッゲ氏は、散歩用ステッキ製造所の支配人でした。b)彼

はもうけるお金もたくさんなら、用事もたくさんありました。c)ところが、ポッゲ氏のおくさん、すなわち点子のおかあさんにいわせると、そうじゃないのです。d)おくさんから見ると、じぶんの夫は収入が少なすぎて、仕事が多すぎるというのでした。 　　　　　　　　　　　　　　　　　　　　　（高橋訳：16）

　語り手が事実と見なしている a）から c）までの直説法の地の文に続いて、d）は接続法Ⅰ式による間接話法である。この間接話法は中立というよりもむしろ語り手（その背後にいる作者ケストナー）が作中人物 Pogge 夫人とは意見を異にすることを示唆的に示している[18]。

　ここまで主に典型的な、すなわち語り手の視点性が優勢な間接話法を見てきた。但し間接話法においても語り手の心的視点は作中人物と語り手の原点との間の連続的なスケール上を動くので、語り手の作中人物への心的距離に応じて変種（Variante）が存在する。語り手の心的視点が作中人物に近づくにつれて、たとえば心態詞（doch, ja など）、直示詞（時や場所の副詞、指示詞など）、有標の語順（構文）などが、変更されずにそのまま再現されるようになる。すなわち、語り手の視点性だけでなく作中人物の視点性も帯びた間接話法となる。

(15)　　a) Matthias war beim Justus gewesen und hatte gefragt, ob er während der Weihnachtsferien in der Schule bleiben *dürfe*. b) Denn sonst *sei ja* Uli ganz allein. c) Aber der Justus hatte geantwortet, *das erlaube er auf keinen Fall*.
　　　　　　　　　　　　（Kästner, *Das fliegende Klassenzimmer*: 113）
　　　　a)マティアスは、正義さんのところに行って、クリスマス休暇に学校に残っていいか、たずねてきた。b)そうしないと、ウーリはひとりぼっちになってしまいますからと。c)けれど、正義さんは、それはぜったいに許さない、と答えた。
　　　　　　　　　　　　　　　　　　　　　（池田訳：170；一部改変）

a）は標準的な間接話法である。これに対して b）は「発話」の（オリジナルに近い）再現を任とする「導入部欠如の間接話法」で、心態詞 ja が作中人物 Matthias の視点性・主観性を反映している。c）も導入部こそあれ、直示性を

持つ指示代名詞 das、有標の語順（das erlaube er auf keinen Fall）など、どれも作中人物 Justus の視点性・主観性を反映している。かくして b）、c）は作中人物の視点性を帯びた間接話法の変種と解される。

　例（16）の間接話法では作中人物の視点性の度合いに応じて異なる時の副詞が用いられる。正義先生は自分が生徒だったころに母親が突然病気になったので病院に駆け付けた時の様子を生徒たちに語る。

(16)　　a) Dann sagte er (der damalige Justus) ihr (die Mutter von Justus), er komme *morgen* wieder – b) denn *am nächsten Tag* hatte er Ausgang –, c) und rannte den weiten Weg zurück.

(Kästner, Das fliegende Klassenzimmer: 74)

　　　a）そしてお母さんにいった、あした、またきますからって― b）じつは、翌日が外出日だったからだ― c）そしてまた、彼は遠い道を走って学校に帰った。

（山口訳：125）

接続法Ⅰ式を用いた間接話法 a）では、語り手は心的視点を作中人物 er（生徒のころの正義先生）に近づけ、作中人物の視点からの直示詞 morgen「明日」を用いている。語り手の直示の中心は作中人物の視点に重ねられている。挿入文 b）は、語り手の視点がスケール上を作中人物から離れ、「作中世界の外の（auktorial）語り手の視点から」副詞句 am nächsten Tag「次の日」、および直説法・過去を用いた地の文である。c）は普通の地の文である。

　これまでの観察から間接話法は次のように特徴づけられる。

1. 作中人物への距離感や発言内容の真偽性に対する中立の態度の反映として接続法Ⅰ式が標準。
2. 作中人物の感情表現（心態詞、直示表現、有標な語順など）は語り手の視点から「編集」され、作中人物の元の発言の主観性はいわば濾過される。
3. 音調的に語り手の声。
4. 語り手の作中人物に対する心的距離のありようにより様々な変種が生じる。

2.3 地の文

地の文（Erzählerbericht）は典型的には、作中世界の外にある語り手の視点、すなわち語り手の原点に固定され、作中世界から距離を置いた客観的な描写である。しかし、地の文においても、語り手の視点は、作中人物との間の連続的スケールの間を行き来する。こうして作中人物の視点性を帯びた地の文も生じることになる。そのような作中人物寄りの地の文は、後に作中人物の内心の再現、多くの場合、体験話法が続くことの「先触れ」として機能する。紙幅の都合でいまはただこのことを指摘するにとどめ、次節以降の、実際の体験話法の観察の際にその都度立ち入ることとする。

3 体験話法：優勢な作中人物の視点性＋若干の語り手の視点性

2.2 の例（15）、（16）では、語り手の視点性が優勢ではあるものの、語り手の心的視点が作中人物に若干近づいて、作中人物の視点性をも併せ持つ間接話法を観察した。語り手の心的視点がスケール上をさらに作中人物に近づくと、語り手の視点性と作中人物の視点性が逆転し、作中人物の視点性が優勢になり、体験話法となる。導入として、ケストナーの作品「点子ちゃんとアントン」からの一節、例（17）である。

点子ちゃんのお父さん Pogge 氏は、深夜にマッチ売りをしている点子と友達の Anton、家庭教師の Andacht 嬢を見て、驚愕の思いを巡らす。体験話法部は以降イタリックとする。

(17)　a) Herr Pogge schwieg und betrachtete Anton. b) *Mit einem Betteljungen war Pünktchen befreundet? c) Und warum verkauften seine Tochter und das Kinderfräulein eigentlich Streichhölzer? d) Was steckte dahinter? e) Wozu brauchten sie denn heimlich Geld?*　　（Kästner, *Pünktchen und Anton*: 112）

a) ボッゲさんは、無言でアントンを観察した。b) 点子が、ものごいとつきあっている？ c) それにしても、どうしてうちのむすめと養育係が、マッチ売りなんかしてるんだろう？ d) これには、どんな裏があるんだろう？ e) わ

たしに言えないどんな金が必要だというのだ？ （池田訳：141）

a)は「語り手の視点から」の地の文である。「観察した」という作中人物Pogge氏の「動作」から、後にPogge氏の心理描写が続くことが予想される[19]。b)〜e)が体験話法。想定される[20]元の思考の「人称」や「時制」は—まさに「地の文」と同じように—「語り手の視点から」変換される。他方、「人称」や「時制」以外の点では、作中人物の元の思考がそのまま「作中人物の視点から」地の文に織り込まれ再現されている。語り手は視点を作中人物Pogge氏に接近させることで、本来外からは窺い知れないPogge氏の内心をいわば直接的に知る、すなわち共体験することが出来[21]、自身があたかもPogge氏であるかのようにPogge氏の内心を再現するわけである。Pogge氏の元の内心、すなわち生の思考は以下のようになろう。

bb) Mit einem Betteljungen *ist* Pünktchen befreundet?（現在時制）

点子がものごいとつきあっているのか？

cc) Und warum *verkaufen meine* Tochter und das Kinderfräulein eigentlich Streichhölzer?（現在時制）（meine 私の）

それにしても、どうして私の娘と養育係はマッチを売っているのだ？

dd) Was *steckt* dahinter?（現在時制）

これにはどんな裏があるんだ？

ee) Wozu *brauchen* sie denn heimlich Geld?（現在時制）

一体何のために内緒でお金が必要なんだ？

裏返しに言えば、このような「生の思考」の人称や時制を語り手の視点から変換すれば（meine「私の」→ seine「彼の」、現在時制→過去時制）体験話法となる。

次の例(18)は(17)の少し後の場面。Pogge氏はオペラ鑑賞をしていた妻を連れ出しタクシーに飛び乗った。その車内で、じっと前を見つめて腹立たしい思いで自問する。怒りを懸命に抑えて沈黙している間は体験話法、抑えきれず爆発した怒りは直接話法となる。

心的視点性と体験話法の機能について　157

(18)　a) Er (Herr Pogge) antwortete nichts und stierte geradeaus. b) *Wie kam die Person dazu, nachts, in Lumpen gehüllt und angeblich blind, mit seinem Kind betteln zu gehen? c) War dieses Fräulein Andacht denn vollständig übergeschnappt?* d) „Dieses Aas!" sagte er.　　　　(Kästner, *Pünktchen*: 127f.)

a) ポッゲさんは答えない。まっすぐ前に向けられた目がすわっている。b) あの女は何だって、よる夜中、ボロなどまとって、目の見えないふりをして、私の娘を道連れに、ものごいなんぞしてるんだ？ c) アンダハトは完全に頭がいかれてしまったのか？ d)「ちくしょう！」ポッゲさんは言った。

(池田訳：159)

a) は地の文。stieren「(じっと) 見つめる」という動作から体験話法が続くことが予想される。b) 語り手は Pogge 氏の腹立たしい思いの自問を共体験的に再現。沈黙の体験話法である。元の思考は、bb) Wie *kommt* die Person dazu, [...], mit *meinem* Kind betteln zu gehen?（あの女はどうして (…) 私の娘を道連れにものごいなんぞしてるんだ？）。c) さらに体験話法が続く。心態詞 denn の主体は作中人物である。語り手ではない。Andacht 嬢は現場にいない、Pogge 氏の意識内である。*dieses* Fräulein Andacht は「反感の dieser」[22] である。d) Pogge 氏の怒りはついに沸騰点を超えた、もう心の中にしまっておけない。怒りの吐露、直接話法である „Dieses Aas!"。「この下種 (げす) め！」

　体験話法は、一方では作中人物の視点から、作中人物の「元の思考」を濾過せずに「ほぼ[23] 元のまま」再現する。すなわち、語順、破格な構文、心態詞、直示詞、感嘆詞などをそのまま再現、音調も作中人物の声が優勢である。他方、元の思考の「人称」や「時制」は、語り手の視点から変換する (= 地の文と同じ人称・時制) ので、地の文との間に人称や時制という「段差」なく地の文に織り込まれている。また「思う」や「言う」のような導入動詞や「引用符」という垣根による中断もなく、意識の流れも途切れることがない。その結果、読者は地の文を読んでいるうちに思わず知らずなめらかに体験話法の織り成す世界に没入、作中人物の内心を共体験することになる。

　以上、導入として体験話法の典型的な例を観察した。わけても重要なの

158 三瓶裕文

は、体験話法が「二重の視点性（＝優勢な作中人物の視点性＋若干の語り手の視点性）」という視点的特性を内包していることである[24]。そして、この二重の視点性からこそ、体験話法の主たる機能が紡ぎ出される。作中人物の内心の共体験的・目立たぬ再現（3.1）、読者に作中人物の内心を共体験させる（3.2）である。

3.1　作中人物の内心（思考・知覚）の共体験的・目立たぬ再現

　例（19）は、子どもの本の作者であるヴェルフェルの作品 Der rote Rächer「赤毛の復讐者」からの一節である。主人公は Peter、赤毛の少年である。母親の身勝手な都合で施設に預けられている。夏休みだが他の子と違い母親は迎えに来ない。Peter は既に定年退職して遠い村に暮らす Agathe 先生を慕って、無断で施設を脱け出し、Agathe 先生の家に向かって自転車を走らせる。見咎められないように、赤毛を隠すことを考えている。

(19)　a) Plötzlich schwitzte er (Peter). b) *Vielleicht hatten ihn die Kinder im Dorf schon erkannt?* c) *Man würde ihn schnappen und zurückbringen.* d) *Eine Mütze müßte er haben, keiner durfte seine roten Haare sehen.* e) *Dort arbeitete ein Bauer, seine Mütze lag auf dem Wagen.* f) *Der Mann bückte sich gerade.* g) *Sollte er － ?* h) *Es würde ganz leicht sein.* i) *Oder sollte er nicht?* j) Peter seufzte, [...]　　　　　　　　　　　　　(Wölfel, *Der rote Rächer*: 22f.)

a)突然汗が出てきた。b)もしかしたらもう村の子供たちに気づかれてしまったかな？ c)つかまって連れ戻されてしまうかも。d)帽子をかぶらなくては。誰にも僕の赤毛を見られてはいけないんだ。e)あそこで農家の人が働いている。帽子は車の上だ。f)ちょうどかがんでいる。g)盗っちゃおうかな？ h)すごく簡単だろう。i)やっぱりやめといたほうがいいかな？ j)ペーターはため息をつき、(…)　　　　　　　　　　　　　　　　　(三瓶試訳)

a)地の文。b)～ d)は Peter の不安な気持ちを再現する体験話法。人称や時制は語り手の視点からそれぞれ 3 人称、語りの時制（過去、過去完了）に変換されていて地の文との間に「段差」がないので「目立たない」。b) Vielleicht

心的視点性と体験話法の機能について　159

「もしかしたら」の思考の主体は Peter である。語り手ではない。元の思考
は bb）: Vielleicht *haben mich*（Peter）die Kinder im Dorf schon erkannt?（もしか
したらもう僕（Peter）を村の子供たちは気づいたかもしれないな？）。c）〈推
量・未来の助動詞 werden〉には、直説法・過去形がないので接続法 II 式
würde を代用したもの[25]。元の思考は cc）: Man *wird mich*（Peter）schnappen
und zurückbringen.（僕（Peter）をつかまえて連れ戻してしまうかも）。d）元の
思考の語順（目的語先置の有標な語順）がそのまま保持されて再現されてい
る。これは体験話法に特徴的である。前半部の定形に直説法・過去 musste
でなく、接続法 II 式 müßte が使われているのは、既に元の思考で「控え
目な（弱い）」心的態度の表出として使われている接続法 II 式 müßte をその
まま引き継いだためであろう。元の思考は dd）: Eine Mütze *müßte ich* haben,
keiner *darf meine* roten Haare sehen.（帽子をかぶらなくてはならないだろう。
誰も僕の赤毛を見てはいけないんだ）。e）と f）は、語り手が視点を作中人物
に近づけて一緒に作中世界を「視覚的」に知覚する体験話法[26]。e）直示表現
Dort「あそこに」の先行詞が先行文脈に明示されてないことから、Dort は
文脈指示でなく、現場直示（Realdeixis）であり、作中世界の中の作中人物の
視点で見る知覚の体験話法である[27]。g）から i）は Peter の内心の葛藤、自分
の赤毛を隠すために農夫の帽子を盗もうかどうしようかという「口には出せ
ない」葛藤を再現している。語り手が作中人物 Peter に視点的に寄り添って
いる体験話法だからこそ、外からは窺い知れない Peter の内心の葛藤を共体
験的に描けるわけである。想定される元の思考は以下の通りであろう。

　　gg）*Soll ich*（die Mütze klauen）?（現在時制）（ich: Peter）
　　　　僕（Peter）は帽子を盗っちゃおうかな？

　　hh）Es *wird* ganz leicht sein.（現在時制）（思考の主体 : Peter）
　　　　すごく簡単だろう。

　　ii）Oder *soll ich* nicht?（現在時制）（ich: Peter）
　　　　やっぱりやめといたほうがいいかな？

以上、語り手が体験話法を用いることで、Peter の内心、とりわけ「口に出

すことが憚られる」不安や葛藤を地の文に織り込んで、「共体験的」且つ「目立たぬように」再現できることを見た。

　さらに実例の観察を重ねる。トーマス・マンの『ブッデンブローク家の人々』の主人公の1人である Thomas Buddenbrook は、自分の内心（妻に対する不安や嫉妬）を他の人たちから気取られないように欲している。このことは次の引用から読み取れる。

(20)　Niemand ahnte, was in Thomas Buddenbrook vorging, niemand durfte es
　　　ahnen, und gerade dies: alle Welt über seinen Gram, seinen Hass, seine
　　　Ohnmacht in Unwissenheit zu erhalten, war so fürchterlich schwer!

(Mann, *Buddenbrooks*: 645)

　　　トーマス・ブッデンブロークの心の中に何が起きたか、だれにもわからぬ
　　　ことだったし、だれにもわからせてはならぬことだった。ほかならぬこの
　　　こと、自分の傷心と憎しみを、自分の無力を世間に決して知られないよう
　　　にしておくこと、それこそ途方もない難事業だったのだ！　（川村訳：364）

Thomas がこれほど自分の内心を他人に知られるのを嫌がっているのにもかかわらず、語り手は、Thomas の秘密の内心を再現しなくてはならないし、また再現できる。Fludernik（2006: 93）の体験話法についての言明にあるように。

　　　Noch viel wichtiger ist die Tatsache, dass überhaupt in der Literatur in die
　　　Gedanken und Gefühle von Figuren 'hineingesehen' werden kann － ganz
　　　im Gegensatz zum wirklichen Leben, wo wir über das Denken und die
　　　wahren Motive unserer Mitbürger nur spekulieren können.
　　　さらにもっと重要なことは、そもそも文学においては、作中人物の考えや感
　　　情を「覗き込む」ことができるという事実である。現実の生活においては、
　　　周囲の人たちの考えや真意は単に推測するのがせいぜいであるのに対して。
　　　（大意は三瓶）

Thomas の妻、Gerda は若くて音楽の才ある少尉と親しい。少尉は頻繁に Buddenbrook 家を訪れては Gerda と合奏をする。そして 2 人の合奏が一段落すると部屋はまったく静かになる。この静けさが、Thomas には耐えがたい不安をもたらす。

(21)　a) Er (Thomas Buddenbrook) ertrug es nicht länger, [...], verließ das Comptoir und stieg in das Haus hinauf. [...]. b) *Empfand er Eifersucht?* c) *Auf wen? Auf was? Ach, weit entfernt!* d) *etwas so Starkes weiß Handlungen hervorzubringen, falsche, törichte vielleicht, aber eingreifende und befreiende.* e) *Ach nein, nur ein wenig Angst empfand er, ein wenig quälende und jagende Angst vor dem Ganzen ...*　　　　　(Mann, Buddenbrooks: 648)

　　　　a) 彼(トーマス)はもう我慢できなかった。(…)事務所から出て、家の方へあがって行った。(…)b) 彼は嫉妬しているのだろうか？ c) だれに対して？なにに対して？いや、そんなことが！ d) そんなはげしいものなら行動に出ることができるはずだ、たぶん見当ちがいの愚かしい行動、だが断固たる、胸の晴れるような行動に。e) だがそうではない、彼はほんの少し不安を感じているだけなのだ。ことの成り行き全体に対して、ほんの少し苦しい、かりたてられるような不安を……　　　　　(川村訳：365f.)

語り手の心的視点が作中人物 Thomas に近づくにつれ、作中人物の視点性が増える。この増大する〈近さ〉と〈作中人物の視点性〉は様々な語り方に反映する。

　　a) 地の文(語り手の視点)
　　　　　↓
　　b) 体験話法(二重の視点)
　　　　　↓
　　c) 内的独白または体験話法(作中人物の視点への移行段階)
　　　　　↓
　　d) 内的独白(作中人物の視点)

162 三瓶裕文

　　　　↓
　　e）体験話法（二重の視点）

語り手の心的視点は、a）の地の文から b）→ c）→ d）へと段階的にますます作
中人物に近づき、それとともに心的視点の優勢性が増す。c）では動詞が欠け
ている。そのような形は体験話法から d）の内的独白への移行段階として現
れる。e）において語り手は作中人物から少し遠ざかり体験話法を用いている。
　Thomas は既に（20）で引用したように、自分の内心を隠したがっている
が、体験話法は（21）のように、Thomas のひそやかな不安や苦悩を〈覆いを
取るように（enthüllend）〉[28] しかし〈共体験的に〉且つ〈目立たぬように〉
再現する。この例には次節でまた戻る。
　この関連で注目すべきは、「ブッデンブローク家の人びと」という作品
の中で、誰の内心再現に体験話法を使うかの基準についての Hoffmeister
（1965）の指摘である。Hoffmeister（1965: 68f.）によれば、基準は著者トーマ
ス・マンにとって、作中人物の「内面生活（Innenleben）」が特別な注目と特
別な文体手段、つまり体験話法にふさわしい価値があるかどうかだという。
例えば Thomas の弟 Christian の内面生活にはそのような価値がないし、著
者トーマス・マンとしては Christian に批判的であり、読者と Christian との
間にも距離を置かせたかったので体験話法を用いていない。また Thomas の
妻 Gerda は、あまりに冷たく誇り高い美人であり、著者にとっては近づきが
たく、また内心を暴くというような無遠慮な体験話法を許さない女性であっ
た。他方、著者にとって好ましい作中人物である Thomas Buddenbrook、
妹 Tonny、繊細な息子 Hanno には体験話法が用いられている。Hoffmeister
（1965）のこの指摘がこれまで本稿で述べてきた体験話法の特性や機能と高
い親和性を持つことは明らかであろう。
　以上、本節では、体験話法の二重の視点性が、作中人物の内心を目立たぬ
ように（←語り手の視点性：地の文と共通の人称・時制）且つ共体験的、時に
覆いをとるように（←作中人物の視点性）再現することの根底にあって働いて
いることを観察した。

3.2 　読者に及ぼす影響：読者に作中人物の内心を共体験させる
3.2.1 　主観カメラ[29]

　本節の関心は、映画の撮影技法の「主観カメラ (die subjektive Kamera)」と体験話法の持つ作中人物の視点性との共通性に注目し、この観点から、体験話法が読者に及ぼす作用を浮き彫りにすることにある。

　「主観カメラ」は、カメラマンがカメラを映画世界の中の登場人物に近づけ、そこから映画世界を撮影する技法である。それによって観客を映画世界の中に引き込み、すなわち「臨場感」を持たせ、登場人物の知覚や感情を「共体験」させる。カメラは「視点」に、観客は「読者」におおよそ相当し、カメラの移動性は「心的視点の移動性」に相当する。導入として(22)のアメリカと日本のアニメの各シーンを比較する。

(22)

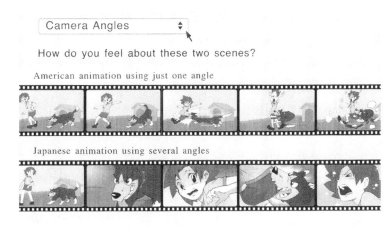

（原口, PRO-VISION. English Course I: 31）

　アメリカのアニメは固定された視点、すなわち客観カメラから撮影されている。日本のアニメの場合には 2 番目のシーンから作中人物に近づけられたカメラつまり主観カメラで撮影されている。観客は自分自身が映画のシーンの中にいて犬をいわば少年の眼で見て、また少年の恐怖感や痛みも現実的に共体験しているような気になる。

Müller（2010: 111）は「主観カメラの本質的な―そして意図された―効果の1つは、観客が一時的に登場人物の頭の中に存在し、登場人物の眼を通して見ることにある」と述べている。次の例（23）は、Müller（2010: 102）からの借用例である。

（23）

左側の2つのコマは事態から距離を置いている語り手の視点からの映像、すなわち客観カメラである。3番目のコマでは、眼下の景色を見ている乗客にカメラを近づけ、乗客の表情を映し出し、そして4番目のコマで、カメラを乗客の眼差しと重ね、乗客の眼から見た景色を映し出す。すなわち主観カメラである。観客は乗客と一体化し、乗客の眼で眼下の景色を見ている気になる。Müller（2010: 111）は主観カメラには、まず登場人物の表情のクローズアップ、次いでカメラを登場人物の眼差しと重ねて、登場人物が見ている像を映し出す、あるいは、その逆の順、という風に2つ以上のコマの結びつき・転換が必要である、と述べている。観客は主観カメラに導かれ、映画の世界に臨場感を持ち、また登場人物の知覚や感情を共体験することになる。以上、主観カメラについて述べたことは物語理論の観点からは次のようにまとめられる。作中人物の顔をクローズアップで映した映像は、後に作中人物の内心の再現、すなわち体験話法が続くことを予告する先触れ的な地の文と似た役割を演じる。作中人物が見ているものの映像は体験話法に相当する。このことを見るためにケストナーとトーマス・マンの映画化された作品を観察する。

　まずケストナーの「エーミールと探偵たち」の例である。Emil は、列車の中で眠っている間にお金を盗まれてしまう。盗んだ男を駅で追跡している場面である。体験話法で再現されているのは、Emil の視覚的知覚と内心の声である。

心的視点性と体験話法の機能について　165

(24)　a) Im nächsten Augenblick stand Emil auf dem Bahnsteig, [...] rannte, so
　　　　sehr er konnte, dem Ausgang zu. b) *Wo war der steife Hut?* c) Der Junge
　　　　[...] rannte weiter. d) Die Menschenmenge wurde immer dichter und
　　　　undurchdringlicher. e) *Da! Dort war der steife Hut! Himmel, da drüben*
　　　　war noch einer! [...] f) Endlich hatte er sich bis dicht an die steifen Hüte
　　　　herangedrängt. g) *Der konnte es sein! War er's? Nein. Dort war der nächste.*
　　　　Nein. Der Mann war zu klein. h) Emil schlängelte sich wie ein Indianer
　　　　durch die Menschenmassen.　　　　　　（Kästner, *Emil und die Detektive*: 60f.）
　　　　a) 次の瞬間、エーミールはホームにおりていた。(…)改札口をめざしてで
　　　　きるだけ早足で歩いていった。b) 山高帽はどこへ行った？ c)エーミールは
　　　　(…)どんどん走った。d) 人込みはますますひどくなり、そう簡単にかきわ
　　　　けることができなくなった。e)いたぞ！あそこに山高帽がいる！あれ、あっ
　　　　ちにももうひとり！(…)f) ようやく何人かの山高帽に追いついた。g) こい
　　　　つだ！それともこっちかな？ちがう。あそこにもうひとりいるぞ。ちがう。
　　　　背が低すぎる。h) エーミールはインディアンのように、人の波をかきわけ
　　　　てすばしこく進んだ。　　　　　　　　　　　　　　　　　（池田訳：88f.）

a) は地の文。b) は体験話法。c), d), f), h) は地の文。e) と g) の文において語
り手は自分の直示の中心を作中人物 Emil に置き、Emil の視点から da「そ
こ」、dort「あそこ」、der「こいつ」（指示代名詞）という直示的表現を用いて
いる。これら直示表現は読者を作中世界の中に引き込み、直示の中心として
の Emil の視覚的知覚を共体験させる。「心的共同注意[30]」の実現である。
体験話法も同様の作用を持つ。それで e) と g) においては、直示表現と体験
話法が一緒に働く。このことにより読者への影響は強められ、読者自身も泥
棒を追いかけているような感じをより強く持つ。当該の文は Audio-CD で
も感情のこもった朗読となっている[31]。
　次の映像は、上記テクストにほぼ相当する映像シーンである。時代背景の
理由で山高帽は金髪の男となっている[32]。

(25)

画面1（接写）

画面2（肩ナメショット）

画面3（主観カメラ）

　最初のコマで、カメラはEmilの興奮した表情を映し出す。第2のコマでは「肩ナメショット」でEmilの追跡行為を映す。このカメラは準主観カメラと呼べよう[33]。第2から第3コマにかけてカメラはますますEmilの視線と重なる。第3のコマで、カメラマンはカメラをEmilの眼差しに重ねる。観客はあたかもEmilと一緒に泥棒を追跡しているような気分・臨場感を持つことになる。このように主観カメラは観客を映画世界に引き込み、観客をしてEmilの内心（視覚と興奮）を共体験させる。言うまでもなく、原作の個々

の文と映画化されたシーンとの間には厳密な意味での 1 対 1 の対応関係は多くはない。しかしながら、Emil が興奮しながら泥棒を追跡しているのをまるでその場で一緒に追いかけているかのように再現する主観カメラと体験話法が類推的関係を結んでいることが無理なく察せられる。

　主観カメラと体験話法が類似の機能を果たしている例の観察をさらに重ねる。2008 年、トーマス・マンの「ブッデンブローク家の人々」が新たに映画化された。1978 年のテレビ映画化と 2008 年の新たな映画化の際にカメラを担当した Gernot Roll[34] は以下のように述べる。1978 年当時 Roll は、舞台の前に固定して置かれたカメラで撮影するように、場面の外から撮影したので、常に登場人物から離れていた。今回の新たな映画化では、カメラと登場人物の間の距離をなくすためにカメラマンが場面の中へ入って行った。すなわちカメラ（＝振動・揺れのない小型カメラ）を映画のシーンの中の「共演者」として動かし、そうすることで観客自身も「目に見えない」観察者として一緒に演じているという感じを与えようとした。

　それでは例（21）に戻り、同時にまた映画のシーン（26）も観察する。上述のように、原作の個々の文と映画化されたシーンとの間には厳密な意味での 1 対 1 の対応関係はまれである。しかしながら、Thomas の不安な内心の再現には、体験話法ならびに主観カメラが、両者に共通な〈登場人物の視点性〉という特性の故に適することが予想される。

(26)

画面1（客観カメラ）

画面2（接写）

画面3（主観カメラ）

画面1は客観カメラで、例(21)の文a)(=地の文)にほぼ相当する。観客は客観的な視点からそのシーンを見る。画面2で観客は視点的にThomasに接近、Thomasの不安な内心が、クローズアップによる表情に表れている。画面3（主観カメラ）で観客はThomasの眼で少尉の持ち物、例えばサーベルや帽子や手袋を見ているような気になる。画面2と画面3は、登場人物Thomasの視点性という点で、例(21)の文b)からe)までの体験話法と内的独白にほぼ相当する。

　以上、本節では体験話法が、「作中人物の視点性」という主観カメラとの

共通性に基づき、読者を作中世界に引き込み「臨場」させ、作中人物の内心を「共体験」させること、さらにまた、客観カメラから主観カメラへの移行が地の文から体験話法への移行にほぼ相当することも観察した。

3.2.2　体験話法の中の指示詞：読者の〈臨場感、共体験感〉の増大

　本節の関心は、体験話法の中で指示詞が用いられる場合、読者の作中世界での臨場感、共体験感を一層高めることを示すことにある。そのための理論的基盤として「共同注意(joint attention)」が必要である。

　Tomasello(1999)らの発達心理学では、指差しや眼差しにより、相手の注意を自分が見ているのと同じ対象に向けることを「共同注意」と呼ぶ。「指差し」という身振りは言語的には「ことばによる指差し(sprachlicher Zeigefinger)」にもたとえられる「指示詞」によって担われる[35]。話し手は指示詞を用いることで自分が見ている対象に聞き手の注意を向ける（＝共同注意の実現）[36]のである。

　(27)は、やまだ(2010: 72)からの借用例である。赤ん坊は本棚の上に西日が差し込んで出来た赤い四角を指さし、母親もそれに応えて指さしの延長線上の四角に注意を向けている[37]。

(27)

　北山(2005：19)は、(28)の浮世絵の母子像を分析して、目の前のものを一緒に見ること（共同注意）は、情緒的交流を伴いやすいとしている[38]。

(28)

二者間内交流と二者間外交流（絵は周延「幼稚苑」）

守屋（2006）は、共同注意が視覚に限らず他の感覚、例えば皮膚感覚でも実現されることを示している。（29a）は守屋（2006）からの借用例である。

(29)a.「寒いね」と話しかければ「寒いね」と答える人のいるあたたかさ

（俵万智、サラダ記念日：20）

守屋（2006）によると終助詞「ね」は聞き手との共同注意を実現する。その証拠に、助詞「ね」を取り去ると心的交流は難しくなる。

　b. ??「寒い」と話しかければ「寒い」と答える人のいるあたたかさ

以上の共同注意概念を踏まえて、導入的に漫画を見る。漫画では登場人物の思考が言語化され、それに加えてそれぞれの場面が視覚的に描かれる。（30）では指示詞（言語）と主観カメラ（視覚）が用いられている。娘を誘拐された父親は犯人たちの言うとおりにしなければ娘をデパートの屋上から突き落とすぞ、と脅迫されている。漫画では、ストーリーは右のコマから左のコマへ進む。

心的視点性と体験話法の機能について　171

(30)

a. (右コマ) やらなきゃ弓子が…
b. (左コマ) 弓子があの屋上から…　（青山、名探偵コナン : Vol. 17, 105）
a. Wenn ich es nicht tue, dann werden sie Yumiko ...
b. Dann werden sie Yumiko von *diesem* Dach da ...!

(Aoyama, *Detektiv Conan*: Bd.17, 105)

　父親の眼差しと心の葛藤を読者も一緒に体験することに主観カメラと指示詞が共に寄与している。右のコマでカメラは父親の横にある（肩ナメショット、準主観カメラ）。左のコマで、カメラは父親の眼差しと重なる（主観カメラ）。読者は父親の内心（視覚）を共体験する。左のコマではさらに父親の内的独白に指示詞「あの」（独語：diesem）が用いられている。指示詞「あの」（diesem）のような直示表現は共同注意を実現する。読者は視点を父親の眼差しと重ね、屋上を父親と一緒に見ているような気になる。かくして、「主観カメラ」＋「指示詞による共同注意」という視点の二重の誘導の結果、読者はより一層強く作中世界に引き込まれ（臨場感）、父親の内心の葛藤を共体験することになる。

　次の例 (31) で、寄宿学校生 Martin は、家が貧しいためにクリスマスでも帰省のための旅費を送ってもらえない。人には言えないこの悩みのために授業中も上の空だった。そんな Martin のことを心配している正義先生 (der Justus) は夜遅く寄宿舎の寝室を見回っているときに、Martin のベッドのわきで立ち止まる。

(31)　a) Im Schlafsaal II blieb er (der Justus) an Martins Bett stehen. b) *Was mochte nur mit diesem Jungen los sein?* c) *Was war denn da geschehen?* d)

Martin Thaler schlief unruhig.

(Kästner, *Das fliegende Klassenzimmer*: 137)

a)第二寝室で、先生はマルティンのベッドのかたわらに立ち止まった。b)
この子はいったいどうしたのだろう？ c)何がこの子に起こったのだろう？
d)マルティン・ターラーは寝苦しそうだった。 （池田訳：204）

b)は指示詞 diesem「この」を伴う体験話法である。読者も先生と一緒になっ
て眼前の Martin のことを心配している気になる。実際、この直観が正しい
ことは、指示詞を使った b)文を、そうでない bb)文：Was mochte nur mit
dem Jungen los sein? と比較するとわかる。定冠詞を使った bb)よりも b)のほ
うが読者の「臨場感」、「共体験感」は高くなる[39]。

　主観カメラと共同注意は、ジャンルも出自も異なるものの、枝葉をそぎ落
とせば、どちらも、読者の視点を作中人物の視点に近づけ、作中人物の内心
(思考や知覚)を一緒に体験させるという共通の幹〈作中人物の視点性〉を持
つ。それ故、体験話法の中で指示詞が用いられると、体験話法の主観カメラ
性と指示詞の心的共同注意性が相俟って、読者の作中世界での臨場感、共体
験感が一層高まることになる。

付説　体験話法と kommen「来る」、同格的(非制限的)関係代名詞文[40]

　体験話法においては語り手によって直示の中心が作中人物に移される[41]。
また指示詞で見たように、物語の中の直示表現は読者の視点を作中世界に引
き込み、作中人物の知覚を共体験させる。ここでは、到達点指向の直示動詞
kommen〈直示の中心：到達点(作中人物)〉や同格的(非制限的)関係文〈指
示詞に由来する関係代名詞の直示性〉も、体験話法との絡みで使用されると
―直示性の度合いにより濃淡の差はあるものの―読者を作中世界に引き込み
作中人物の内心を共体験させることの一端を見る。

kommen「来る」

　女の子 Joschi は、両親 Claudia と Peter が数日間家を留守にするので厳格
な祖父母の家に泊まらなくてはならない。彼女はこの状況が情けなく両親が

心的視点性と体験話法の機能について　173

いないのを淋しく思う。

(32)　a) Joschi seufzte und drehte sich auf die andere Seite. b) Sie schnupperte
　　　an der Bettdecke. c) *Die roch auch anders als daheim.* d) *In ihrem Hals wurde*
　　　es eng und kratzig. e) *Hoffentlich kamen Claudia und Peter überhaupt wieder!*
　　　　　　　　　　　　　　　　　　　　　　　　　(Hartig, Joschi und Uri: 39)
　　　a) ヨシはため息をついて寝返りを打った。b) 掛布団に鼻をくっつけて匂い
　　　を嗅いでみた。c) これも家にあるものとは違う匂いがする。d) 息苦しくなっ
　　　てきた [42]。e) クラウディアとペーターがとにかく戻って来てくれればいい
　　　なあ！　　　　　　　　　　　　　　　　　　　　　　　　　　　(三瓶試訳)

　a) と b) は地の文である。b) は先触れ的に後に作中人物の「嗅覚」の再現が
続くことを予想させる。c) は嗅覚の体験話法である。d) 息苦しさという知覚
の体験話法。e) は思考の体験話法。hoffentlich「望むらくは」(＝ ich hoffe)
の思考の主体は Joschi である。語り手ではない。語り手はほとんど Joschi と
一体化して Joschi の内心を共体験的に再現する。体験話法部の直示の中心
は Joschi であり、直示動詞 kommen「来る」の直示の中心も Joschi (到達点)
である。体験話法と kommen は<u>共通</u>の直示の中心を持ち、その結果、読者
をより一層強く作中世界に引き込み作中人物の内心を共体験させることにな
る。

同格的（非制限的）関係文
　同格的関係文は、(1) 主文性（独立文性）を持つので体験話法となりう
る [43]。(2) 同格的関係文の関係代名詞は―指示代名詞よりは弱いものの―指
示代名詞の直示性を保持しているので、共同注意を実現する能力がある。以
上のことから、同格的関係文は、読者に作中人物と共通の直示の中心を持た
せ、読者が作中人物の立場に立って作中人物の内心（思考や知覚）を共体験す
ることを可能にする。
　例文(33)の主人公 Gisela はホテルの朝食ルームで朝食が出されるのを待っ
ている。

174 三瓶裕文

(33) a) Ein junges Paar kam, grüßte leise und setzte sich zwei Tische weit entfernt. b) *Gisela beobachtete die beiden, zuerst die Frau, die vielleicht dreiundzwanzig Jahre alt sein mochte, einssiebzig groß mit schulterlangen, dunkelbraunen Haaren, dann den Mann, den sie auf achtundzwanzig Jahre, höchstens dreißig schätzte.* (Körner, *Ich gehe nach München*: 212)

a) 若いカップルがやって来て小声で挨拶をしテーブル 2 つ離れたところに座った。b) ギーゼラは 2 人の様子を観察した。まず女性の方は 23 歳くらいかもしれない、肩まで届くこげ茶色の髪で身長 1 メートル 70 くらい。次に男性の方は 28 歳、せいぜい 30 歳に思える。　　　　　　（三瓶試訳）

語り手は心的視点を主人公（Gisela）に近づけ、主人公の内心（思考や知覚）を共体験的に再現している。a) は作中人物寄りの地の文である。このことは到達点指向の直示動詞 kommen（到達点：Gisela）や直示の副詞 weit entfernt「遠く離れた」の直示の中心が作中人物であることからわかる。b) の中の関係文は、話法詞 vielleicht「もしかしたら」、mochte（推量の助動詞 mögen の直説法・過去）、schätzte（schätzen「推測する」の直説法・過去）の思考の主体が語り手でなく主人公 Gisela であることから体験話法と解される。すなわち関係文の形で先行詞（die Frau「その女性」、den Mann「その男性」）についての Gisela の推測・思考が Gisela 優勢の視点から再現され主観カメラ的な機能が果たされている。関係代名詞の直示性と作中人物寄りの語り方である体験話法が共に働いた結果、読者は Gisela の近くで（＝臨場感）彼女の内心（思考や知覚）を共体験しているような気になる。

3.3　体験話法の翻訳

　ここまで観察してきたように、体験話法は、語り手が作中人物に視点的に近づくことで、本来外からは窺い知ることのできない作中人物の内心を共体験的に再現する。端的に言えば[44]、体験話法は語り手が「作中人物になったつもりで」作中人物の思考を再現する時に生じる。このことの自然な帰結として、「翻訳も作中人物になったつもりで」という原理が導かれる。残された紙幅では、色々な糸から織り成される翻訳の原理のごく一端を垣間見るに

心的視点性と体験話法の機能について　175

とどまる。

　三瓶(1996a)で述べたように、日本語の小説では、語り手と作中人物の間の「スケールが短く」語り手は基本的に作中人物寄りの視点から物語る、つまり作中人物の視点が優勢である[45]。スケールが短いため、地の文、間接話法、体験話法、自由直接話法(内的独白)相互の間の「文法的差異」は小さくなる。特に体験話法と自由直接話法は<u>文法的には共通</u>の「1人称・現在」[46]となり、両者の違いは、丁寧体、方言、役割語[47]など<u>文体的</u>なものにとどまる。これは、ドイツ語の体験話法が「3人称・過去(完了)」、内的独白(自由直接話法)が「1人称・現在(完了)」という「文法的」特徴によって特徴づけられるのと明瞭な対照をなす。

　日独語の体験話法の共通点と相違点をかいつまんで以下に挙げる。

1.〈共通点〉
　二重の視点性：作中人物の視点性が優勢、若干の語り手の視点性
2.〈相違点〉
　〈ドイツ語の体験話法〉作中人物の元の思考が人称と時制以外はそのまま再現される。すなわち語り手の視点性として「人称」と「時制」は〈文法的〉に変換される：〈3人称・語りの時制：過去(完了)〉。
　〈日本語の体験話法〉作中人物の元の思考がそのまま(1人称・現在)再現されるが、若干の語り手の視点性として日本語に特有の〈文体上の〉表現すなわち男性や女性言葉、敬語、年齢、「役割語」などは濾過されたり文体的に中和される(neutralized)。

3.3.1　ドイツ語から日本語へ

　体験話法のドイツ語から日本語への翻訳の導入として(34)を検討してみよう。八歳の女の子 Nina は、母猫を亡くした子猫 Soso を家に連れて帰ったが、猫嫌いの母親に反対され、Soso を連れて家出した。たまたま知り合った親切な外国人一家が Soso を預かると申し出てくれたので Nina は嬉しくなりいろいろと想像をめぐらす。

176 三瓶裕文

（34） a) Nina überlegte. b) *Hier würde er* (der kleine Kater Soso) *es wirklich gut haben.* c) *Welcher Kater hat schon einen Puppenwagen zum Schlafen?* d) *Und wenn Soso hier bleiben durfte, dann konnte sie ja auch heim.* e) *Dann war ja alles gut!*   (Pausewang, *Gott!*: 80)

a) ニーナはじっくりと考えた。b) ここなら子猫のゾーゾーも本当に幸せに暮らせ<u>そうだ</u>。c) おもちゃの乳母車を寝床にしている猫が一体いる<u>かしら</u>？d) それにゾーゾーがここにずっといてもいいなら、そしたら<u>私</u>も家に帰<u>れる</u>。e) そしたら願ったりかなったり<u>だ</u>！   （三瓶試訳）

a) は地の文。überlegte「よく考えた」は、Ninaの思考・意識の描写が続くことの先触れ。b) 体験話法[48]。直示詞 Hier「ここに」により語り手が心的視点を Nina の近くに置いていることがわかる。直示詞 hier により読者の視点も作中世界の Nina の近くに誘導される。元の思考は bb) で、翻訳すれば「女の子ことば」になるであろう bb) Hier wird er es wirklich gut haben.（ここなら子猫のゾーゾーも本当に幸せに暮らせそうだ<u>わ</u>）。これに対し、体験話法である b) の翻訳は「女の子ことば」の語尾「わ」は濾過し「中和」した訳にした。c) 内的独白（自由直接話法）である。時制は現在で、元の思考がそのまま再現されている。体験話法なら動詞は過去形 hatte であろう。内的独白（自由直接話法）により、反語という強い感情が体験話法よりも、より直接的に吐露されている。作中人物と完全な視点上の一体化なので「女の子ことば」で翻訳した[49]。d), e) 語り手の視点は Nina から少し離れ、体験話法となる。場所の直示詞 hier、心態詞 ja、感嘆符など、Nina の意識の表出である。作中人物 Nina になったつもりで、〈1人称・現在〉で翻訳する。但し、若干残る語り手の視点性（距離感）の反映として、「女の子ことば」でなく「中和」された翻訳が適する。「あたし」でなく「わたし」、文末「わ」でなく「れる」。

　（35）は児童文学作家エンデの作品『モモ』の一節で、主人公は女の子 Momo である。

（35） a) „Also, wohin?" fragte der Fahrer, als Momo sich wieder zu ihm in Gigis

心的視点性と体験話法の機能について　177

langes elegantes Auto setzte. b) *Das Mädchen starrte verstört vor sich hin.*
c) *Was sollte sie ihm sagen?* d) *Wohin wollte sie denn eigentlich?* e) *Sie mußte
Kassiopeia suchen.* f) *Aber wo?* g) *Wo und wann hatte sie sie denn verloren?*

(Ende, *Momo*: 210)

a)「で、行くさきは？」と運転手は、モモがふたたびジジのすらりと長い
しゃれた車にのりこんだとき、ききました。b) モモは放心したように目の
まえを見つめました。c) なんとこたえたらいいんだろう？ d) いったいあた
し は、どこに行くつもり？ e) カシオペイアをさがさなくちゃいけない。f)
でも、どこをさがす？ g) いったい、いつどこではぐれたのかしら？

(大島訳：311)

a) と b) は地の文。c) から g) は〈3 人称・語りの時制：過去形（過去完了）〉
によって特徴づけられる体験話法。3 人称代名詞 sie は Momo を受ける。

日本語への翻訳に目を向けると、a) と b) は地の文としてドイツ語と同じく
〈3 人称・過去〉で訳されている。しかしながら、c) から g) までの体験話法
部は文法的には内的独白と同じ〈1 人称・現在〉で訳されている。但し文体
的には女の子らしくない「中和された」文体である。その理由は翻訳者が体
験話法の若干の語り手の視点性を考慮しているためであり、特に c) と f) で
は女の子らしい言葉づかいが中和されている。ただ d) の「あたし」、g) の文
末「かしら」などの女の子ことばは残されている。その理由は、体験話法で
あってもある程度は女の子らしい文体で内的独白のように訳すことで、読者
（たいていは子ども）が体験話法部の思考の主体（Momo）を容易に認識するの
が可能になるからであろう。

　以上述べたことは英語の体験話法の翻訳にも妥当する。(36) である。

(36)　　a) 'All yours', smiled Hagrid. b) *All **Harry's** – it was incredible.* c) *The
Dursleys couldn't have known about this or they'd have had it from **him** faster
than blinking.* d) *How often had they complained how much **Harry** cost them
to keep?* e) *And all the time there had been a small fortune belonging to **him**,*

buried deep under London. f) Hagrid helped Harry pile some of it into a bag.　　　　　　　　　　(Rowling, *Harry Potter*: 58)（太字、斜体字とも三瓶）
a)「みーんなおまえさんのだ」ハグリッドはほほえんだ。b) 全部僕のもの……信じられない。c) ダーズリー一家はこのことを知らなかったに違いない。知っていたら、瞬く間にかっさらっていっただろう。d) 僕を養うのにお金がかかってしょうがないとあんなに愚痴を言っていたんだもの。e) ロンドンの地下深くに、こんなにたくさんの僕の財産がずーっと埋められていたなんて。f) ハグリッドはハリーがバッグにお金を詰め込むのを手伝った。　　　　　　　　　　　　　　　　　　　　　　　　（松岡訳：114）

a) Harry に向けられた発言である。つまり Harry は発言の「聞き手」である。後に Harry の思考の再現が続くことが予想される。b) から e) は体験話法であり、もっぱら Harry の思考を再現している。b) の Harry's、d) の Harry、e) の him は男の子の 1 人称代名詞「僕」で翻訳されている。時制も現在である。翻訳者は「Harry になったつもりで」、すなわち「1 人称・現在」の「内的独白（自由直接話法）」のように翻訳している。文体の中和化よりも読者（たいていは子ども）の理解のしやすさの観点から思考の主体の明示化が優先されている[50]。

3.3.2　日本語からドイツ語へ

　最後に日本語の体験話法の例とそれのドイツ語への翻訳のありようを観察する。

　体験話法はこれまで繰り返し見てきたように、視点の作中人物への接近により、本来、外からは窺い知ることのできない作中人物の内心（思考・知覚）を共体験的に描写できるという特性を持っている。この内心描写という特性を生かして―語り手の作中人物への共感・感情移入という心的距離の近さの反映とは別に―「単に」作中人物の秘められた内心を「その覆いを取って暴くように」再現するために体験話法が使われる場合もある。

　(37)は井上靖『氷壁』の一場面である。美那子は内心には意地の悪い、妬みの感情を抱いているが、それを口には出さない。このような秘められた感

心的視点性と体験話法の機能について　179

情を暴くように再現するのには、作中人物に視点を近づけ作中人物の内心を
直接知覚して内から描き出す体験話法が適する。

(37)　a) 美那子は、そんなかおるを、どうにでも料理できるひよわい獲物を
見ているような少し意地悪い気持ちで見守っていた。b) この少女は魚
津に特別な感情を持っているのだろう。c) それでなくて、魚津の写っ
ている写真を手ばなしたがらぬということは説明できないではない
か。d) 美那子は、かおるを見守りながら、なんとなく嫉ましいものを
感じている自分に気付くと、自分はかおるの持ついかなるものに嫉妬
しているのであろうかと思った。　　　　　　　　　（井上、氷壁：229）

a) は地の文である。作中人物美那子の内心の再現を先触れ的に予想させる。
b) や c) は、明らかに美那子の思考であり、女性ことばによる自由直接話法
を使うことも出来たはずだが、語り手が作中人物美那子に対してある程度の
距離を置いているという若干の語り手の視点性によって、女性ことばが中和
された文体の体験話法が使われている。つまるところ、以下の 1)、2) の語
り手の要求を同時に満たすのが体験話法なのである。
1) 作中人物美那子の隠された内心を描写したい。
2) しかし、作中人物べったりの自由直接話法を使うほど作中人物美那子に対
する心的距離は近くない、つまり「距離」を保ちたい。
このように体験話法はある程度の距離、中立性を保ちつつ、本来外からは窺
い知れない作中人物の内心を内から描くことが出来る。d) は再び地の文であ
る。

独語訳：

a) Minako betrachtete sie fast boshaft; Kaoru kam ihr wie eine schwache
Beute vor, die sie nun jederzeit verspeisen konnte. b) *Dieses Mädchen fühlte
sich offenbar zu Uozu hingezogen.* c) *Konnte man es sich sonst erklären, daß sie
die Fotos, auf denen Uozu zu sehen war, nicht hergeben wollte?* d) Als Minako
plötzlich merkte, daß sich unversehens Eifersucht in ihr regte, überlegte

sie, auf was von Kaoru sie eifersüchtig war.

(Inoue, *Eiswand*; Benl 訳 : 191)

ドイツ語の翻訳においても a) は地の文として翻訳され、作中人物の内心の再現が続くことを先触れ的に予告している。b) と c) は体験話法としてドイツ語に翻訳されている。b) 語り手は心的視点を作中人物美那子に接近させ、そこ (= 直示の中心) から指示詞 dieses「この」でもって対話の相手かおるを指示している。さらにまた話法詞 offenbar「明らかに」の思考の主体は紛れもなく作中人物美那子であって語り手ではない。c) も〈直説法・過去、疑問文、直示表現 her「こちらへ」〉という特徴から体験話法と解される。d) は日本語のオリジナルと同様に地の文として翻訳されている。

　日本語からドイツ語への翻訳のもう 1 つの例として遠藤周作の作品『沈黙』の一節を観察する。日本語オリジナルの各文はほぼ適切にドイツ語に翻訳されている。それ故以下の解説は、日本語のオリジナルにもそのドイツ語訳にもおおむね妥当する。17 世紀、ポルトガルの司祭がキリスト教の布教のために宣教師として日本に来たものの、江戸幕府によるキリスト教の禁教令で逮捕されてしまった。司祭は踏み絵を踏まないと日本人信者が処刑されると脅されている。司祭の内心の葛藤である。

(38)　a) 司祭は足をあげた。b) 足に鈍い重い痛みを感じた。c) それは形だけのことではなかった。d) 自分は今、自分の生涯の中で最も美しいと思ってきたもの、もっとも聖 (きよ) らかと信じたもの、最も人間の理想と夢にみたされたものを踏む。e) <u>この</u>足の痛み。f) その時、踏むがいいと銅版のあの人は司祭にむかって言った。g) 踏むがいい。h) お前の足の痛さをこの私が一番よく知っている。i) 踏むがいい。j) 私はお前たちに踏まれるため、この世に生れ、お前たちの痛さを分つため十字架を背負ったのだ。k) こうして司祭が踏絵に足をかけた時、朝が来た。l) 鶏が遠くで鳴いた。　　　　　　　　（遠藤、沈黙 : 219)

独語訳

a) Der Priester hob den Fuß. b) Er fühlte in den Beinen einen dumpfen, schweren Schmerz. c) *Das war nicht nur eine Geste.* d) *Er selbst trat jetzt auf das, was er in seinem Leben für das Schönste gehalten und an das er als an das Reinste geglaubt hatte, auf das, was alle Träume und Ideale der Menschen erfüllt.* e) *Wie dieser Fuß schmerzte!* f) Tritt nur auf mich! sagte der Herr auf der Kupferplatte zum Priester. g) Tritt nur auf mich! h) Ich kenne die Schmerzen deiner Füße. i) Tritt nur! j) Um von euch getreten zu werden, wurde ich in diese Welt geboren, um eure Schmerzen zu teilen, nahm ich das Kreuz auf die Schultern. k) Der Priester setzte seinen Fuß auf das Bild. Es dämmerte. l) Und in der Ferne krähte ein Hahn.

(Endo, *Schweigen*; Linhart 訳 : 202f.)

語り手が心的視点を作中人物（司祭）に徐々に近づけるにつれて、作中人物の視点性が優勢となってゆく。a)は地の文。b)、c)は過去時制（タ形）である[51]。b)は体験話法とも地の文ともとれる。地の文だとしても作中人物の視点性が高い。c)は司祭の内心の再現の体験話法と解される。d)「自分」、「今」、「踏む」から体験話法。e)「痛み」を知覚する体験話法。指示詞「この」がdieser で翻訳されている。体験話法の中で指示詞が使われると体験話法の主観カメラと指示詞の共同注意とが相俟って、読者の臨場感と共体験感を高める。読者は作中人物と一体化し、その内心をより直接的に共体験する。f) 発言の再現の直接話法であるが、もちろん実際に声が聞こえたわけでなく、司祭の「心の中の耳」に聞こえたのである。「あの人」の中の指示詞「あの」は心的直示(ここでは「好意」を含意)であり[52]司祭の視点(直示の中心)と、司祭に寄り添った語り手の視点が重なっている。また「垣根」のようなはたらきをする引用符もないので司祭に寄り添っている読者も踏絵の中のキリストの声をいわば「近くから直接」聴いている気になる。直接話法であるが、知覚(ここでは「聴覚」)の体験話法に類似の働きを持つ。実際、続く g), h), i), j) は全て導入動詞「言った」や引用符を伴わず、自由直接話法であるが、機能的には、語り手が司祭と一体化し司祭の心的・聴覚的知覚を共体験的に再現する知覚の体験話法に類似している[53]。読者も司祭と共に踏絵の中のキリ

ストの声を直接聴いている気になる。k)と l)は再び地の文であるが、l)の「遠くで」から語り手の視点はまだ司祭の近くにあり、司祭の聴覚的知覚「鶏の鳴き声」を再現している。語り手が心的・視点的に司祭のそばにいるのに応じて、読者もまた司祭の聴覚的知覚を共体験する。こうしてこの長編小説のクライマックスは作中人物の視点性を帯びた地の文で終わっているため、読者も臨場感の余韻を感じつつ読み終えることになる。

3.3.3 翻訳の基本原理
　日独語の体験話法の共通点と相違ならびにこれまでの翻訳の実例の観察から以下のような翻訳の基本原理が導かれる。

I.　〈日独語双方向の翻訳に共通の基本原理〉作中人物になったつもりで翻訳、ただし若干の語り手の視点性を考慮

II.　〈ドイツ語から日本語への翻訳〉ほとんど作中人物になったかのように、つまり内的独白〈1人称・現在〉のように翻訳する。その際に―「ほとんど」が示唆するように―体験話法の若干の語り手の視点性も考慮する。すなわち作中人物の元の思考に含まれる<u>文体的</u>特徴〈女性言葉、敬語、子ども言葉、役割語など〉は読者の誤解を招かない範囲で濾過されたり中和される。

III.　〈日本語からドイツ語への翻訳〉日本語では体験話法と内的独白は〈1人称・現在〉という共通の<u>文法的</u>特徴を持つ。違いはむしろ<u>文体的</u>性質なので、当該の日本語テクストが、体験話法と内的独白のどちらの語り方で書かれているのかを判断する。そのためにはわけても<u>文体的</u>特徴に注意しなくてはならない。

1)　当該テクストにおいて若干の語り手の視点性の反映として、役割語などが「文体的に中和」されている場合には、そのテクストを<u>体験話法として</u>ドイツ語に翻訳すべきである、すなわち〈3人称・直説法過去〉で。

2)　当該テクストが完全な作中人物の視点性で、すなわちオリジナルに忠実に書かれている場合は、そのテクストを<u>内的独白として</u>ドイツ語に訳すべきである、すなわち〈1人称・現在〉で。

心的視点性と体験話法の機能について　183

4　まとめ

　本稿の目的はドイツ語の体験話法がどのような機能を果たし、またそれらの機能がどのように生じるかを実証的に明らかにすることであった。決定的に重要なのは、一方では語り手の原点（Origo）、他方では作中人物という二極のあいだのスケール間を動く「心的視点の移動性」である。この心的視点の移動性を軸とする認知的原理：「近ければ近いほど直接的知覚」と体験話法の二重の視点性とが共に働いて、体験話法の 2 つの主たる機能を紡ぎ出している。以下に要点をかいつまんで挙げる[54]。

認知的基本原理：「近ければ近いほど、より直接的知覚」
語り手は心的視点を作中人物に近づけることで、本来外からは窺い知れないはずの作中人物の内心（思考や知覚）をいわば直接知覚・共体験できる。

体験話法の二重の視点性：作中人物の視点性と語り手の視点性からそれぞれ以下の機能が生じる。

作中人物の視点性
1. 語り手は作中人物の内心を「おおいを取るように」また「共体験的に」再現（←近ければ近いほど、直接的知覚）。
2. 読者への影響（←主観カメラとの共通性：主観カメラはカメラ（視点）を登場人物に近づけ、登場人物の眼から映画世界を撮影することで、観客（読者）を映画世界に引き入れ**臨場**させ、登場人物の内心（思考や知覚）を**共体験**させる）。
3. 体験話法の中での指示詞の使用は、体験話法の主観カメラ性＋指示詞の心的共同注意性が相俟って、読者の作中世界における臨場感、作中人物の内心の共体験感を高める。

語り手の視点性：体験話法は語り手の視点から人称と時制が変換されるので地の文と共通の人称・時制となり、地の文との間に「段差」がない、その結

果体験話法は地の文の中に「目立たずに」織り込まれる。このことから、
1. 作中人物の内心を目立たぬように再現。
2. 「読者」は読んでいるうちに思わず知らず、なめらかに作中世界の作中人物に近づき(臨場)、作中人物の内心を共体験する。

これらの機能は機能Ⅰと機能Ⅱに収斂する。
機能Ⅰ： 作中人物の内心 (思考や知覚) を〈覆いを取るように〉、しかし〈共体験的に〉、〈目立たぬように〉再現
機能Ⅱ： 「読者」を視点的に作中人物に近づけ (臨場感)、作中人物の内心を共体験させる

語り手の心的視点が原点 (Origo) を離れて作中人物に近づくにつれて、作中人物の視点性が増し、それに応じた語りの仕方が生じる (地の文から体験話法、内的独白まで)。同様の理由でそれぞれの語り方の中でも視点性の度合いに応じ様々な変種が生じる。簡略に図示する。

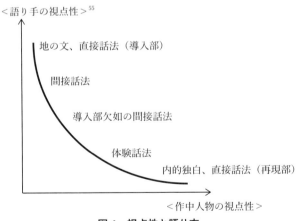

図4　視点性と語り方

心的視点性と体験話法の機能について　185

注

1　作中人物の思考を「思った」などの導入動詞（＝伝達動詞）を介さずに語り手が伝える場合、フランス語では「自由間接話法」、英語ではこの名称の他に「描出話法」、Cohn (1978: 100f.)による呼称「narrated monologue（語られた独白）」という名称があるが、ドイツ語では「体験話法」が定着している。ドイツ語では、作中人物の「思考」を再現するのには〈直説法・過去〉を標準とする「体験話法」が用いられ、作中人物の「発言」の再現には〈接続法〉による「導入部（＝伝達節）欠如の間接話法」が用いられるという原則的な棲み分けがある。なお、この棲み分けの変遷について Steinberg (1971: 56) 参照。「導入部欠如」は「（導入部から）自由」と同じなので、ドイツ語で「自由間接話法」という名称を用いると、直説法による「思考」の再現ではなく、接続法による「発言」の再現を意味してしまうことになる。それ故、本稿でも「体験話法」という名称を用いる。ただし、体験話法が発言の再現に用いられる稀な場合について鈴木(2005)参照。

2　以下の物語状況の訳語は前田 (1989) に基づく。*auktoriale* Erzählsituation：局外の語り手による物語状況、*Ich*-Erzählsituation：「私」の語る物語状況、*personale* Erzählsituation：「作中人物に反映する物語り状況」。但し本稿では *auktorial* の訳語に「作中世界の外の（作中人物から距離を置いた）」、*personal* の訳語に「作中人物寄りの」を用いる。誤解の恐れがない限り auktorial や personal は訳出しないこともある。

3　Bühler (1934)参照。

4　日常的な意味では「心的距離」は対象（人）との「親疎」を意味するが、本稿では、加えて関心（注目）の度合いも意味する。心的に最も近い対象は共感または関心の焦点と見なされる。

5　正確には、直接話法も語り手によってある程度手を加えられたものである。このことについて Fludernik (1993: 435), Roncador (1988: 88ff.) を参照。清水 (2003: 37) は「小説の中の会話は小説用に再構成された虚構のことばである」と述べる。

6　以下、発話・思考再現部の意味で再現部と略記することがある。

7　例文出典は本稿末を参照。斜体字は筆者による。本文中では、作家名は姓だけ、作品名は略記して挙げることが多い。数字は該当ページを表す。作中人物名は翻訳文以外は原語表記とした（訳語が定着している「点子」などは訳語を使用した）。なお、例文や記述が筆者の既発表論文と重複するものがあるが、紙幅の都合と煩雑さを避けるためにその都度の言及は省く。

8　直接話法は、たいていは引用符を伴うのに加えて、このように「視点の分裂」があるために、読者がなめらかに作中世界に没入し作中人物に感情移入することを妨げる。導入部も引用符もない自由直接話法との違いである。

9　「有標な（marked）」は「無標な（unmarked）」の対概念であり、この区別はさまざまな

レヴェルに想定される。本稿の枠組では、無標は「ふつう、標準」、有標は「標準からずれた」ほどの理解とする。自己中心的原点に固定された身体的視点は無標の視点、心的視点は有標の視点と解される。Mikame (1996b) 参照。

10　「有標であればあるほど、より主観的・強調的」という原理が成り立つ。Mikame (2016: 42) 参照。これは例えば、音符にアクセント記号（例えば "＞"）を「マーク (mark)」することで、マークされた、つまり有標の音符が主観的・強調的に演奏されるのと類似の原理である。

11　これは再現部に妥当する。導入部（語り手の視点）は語り手の声で読まれる。このことは次の例にも見てとれる。

　　　「そういうこと」恵子は鼻を鳴らし、なかなか上手に北尾先生の声真似をした。「" 中学の三年間で、ひとつぐらいまともなことをやってみせろ " って」

（宮部, ソロモンの偽証：II-48）

12　実例（バイエルン方言）は Mikame (2016) 参照。日本語の方言について三瓶 (1996a) 参照。

13　そのような場合の直接話法は―導入動詞（考える、推論するなど）の存在にもかかわらず―機能的には自由直接話法（内的独白）に近い。例えば次の例がある。

Er (Johnny) dachte: *Unter jedem Dach leben Menschen. [...] Und fünf Kinder werde ich haben. Aber ich werde sie nicht übers Meer schicken, um sie loszuwerden. Ich werde nicht so böse sein, wie mein Vater zu mir war. Und meine Frau wird besser sein als meine Mutter. Wo mag sie jetzt sein, meine Mutter? Ob sie noch lebt? [...]*　（Kästner, *Das fliegende Klassenzimmer*: 86ff.）

　　　ジョニーは考えた。どの屋根の下にも、人間が暮らしている。（…）。子どもは五人だ。ぼくは、子どもをやっかい払いするために、海のむこうにやったりしない。父さんがぼくにしたような、ひどいことはしない。ぼくの奥さんは、母さんよりいい人だろう。いまごろどうしてるかな、母さん。まだ生きてるんだろうか？

（池田訳：132f.）

読者は読み進むうちに導入動詞の存在を忘れ読者自身が作中人物のような気になり作中人物の思考を直接的に共体験する。

14　直接話法は、発話の忠実な再現であるため、作中人物が聞き手として他の作中人物の直接話法での発話を「聴く」場面では、知覚の体験話法に類似する。例えば例 (38) 参照。

15　「原則的に」という但し書きはこれらの変換が必ずしも義務的ではないことを意味する。その理由は、後で見るように、語り手の心的視点が作中人物に近づくにつれて、作中人物の視点性が高まり、変換が行われないことがあるからである。

16　間接話法において、接続法 I 式と直説法が同形になる場合には接続法 II 式が用いられる。とはいうものの接続法 I 式の使用は義務的ではなく、口語では好んで直説法や接続法

II式が用いられることがある。これについて Duden Bd. 4（2005: 523, 529f., 2009: 536）を参照。この他にも、間接話法において接続法 II 式が話し手（語り手）の心的態度（疑念、非現実性など）を含意するために使われることがある。実例は Mikame(2016: 83f.)参照。

17 「遠ければ遠いほど間接的」については三瓶（2000: 85）参照。

18 三瓶（2004: 98）参照。

19 鈴木（2005: 117）には「時計を見た」という動作の後にしばしば体験話法が現れるという指摘がある。なお「見る、聞こえる」のような知覚動詞は、読者の「共同注意」(3.2.2)を誘発し、読者をして作中人物の知覚を共体験させやすい。

20 以下、誤解の恐れのない限り「想定される（voraussetzbar）」は省く。Steinberg（1971: 4）参照。

21 Stanzel（1979: 172）も体験話法が「直接性を、すなわち作中人物の心の内を直接のぞき見ているような錯覚（前田訳 : 123）」を読者に抱かせる旨を述べている。

22 心的空間にある対象を「ことばによる指差し」である指示詞で直示することで対象に対する強い心的態度、わけても「反感」を含意することが多い。三瓶（2010a, 2012c）参照。

23 間接話法はもちろん、直接話法や体験話法でも実際には語り手の関与・編集があるので「ほぼ」という但し書きが必要である。なお注 5 参照。鈴木（2005:43f.）, Fludernik（2006: 79）参照。

24 Kühn（1988: 184）は体験話法は語り手と作中人物の視点の混淆（Kontamination）と定義している。

25 Herdin（1905: 36ff.）、Steinberg（1971: 172ff.）、保坂（1985: 200）、鈴木（2005: 106ff.）など参照。形は接続法 II 式だが、機能は「直説法・過去」という「過去未来(futurum praeteriti)」である。地の文に織り込まれたこのような würde は体験話法認定の合図となっている。

26 Steinberg（1971: 28）はこのタイプの体験話法を erlebter Eindruck（体験された印象）、Fludernik（2006: 170）は erlebte Wahrnehmung（体験された知覚）と呼ぶ。

27 Ehlich（2007）は、Dort「あそこに」のような直示表現が読者の視点を作中世界に引き入れ、作中人物の知覚を共体験させる作用を持つことを述べている。Mikame（2012a）も参照。なお思考の再現の体験話法は原則的に元の思考を想定できるが、知覚の体験話法の場合は想定される元の知覚に戻せないことが多い。これについて Steinberg（1971: 27）参照。

28 enthüllen という語は Hoffmeister（1965）からの借用である。

29 本稿では、作中人物の眼と完全に重なる狭義の主観カメラだけでなく「肩ナメショット（Over the shoulder）」をも含む広い意味で主観カメラを理解する。狭義の主観カメラで撮影された作品には例えば *Lady in the Lake* (1947)（Robert Montgomery 監督）, *Schmetterling und Taucherglocke* (2007)（Julian Schnabel 監督）がある。

30 テクスト内での直示（Textdeixis）に基づく「心的共同注意」であるが、以下、簡略化した記述にとどめる。三瓶（2012c）, Mikame（2016）参照。

31 Audio CD（Hörspiel）: *Emil und die Detektive*. Hamburg: Oetinger 2006.

32 当該映画は 2001 年製作。

33 Müller（2006:42）は歩いている人をうしろから撮影する場合も主観カメラと見なしている。

34 Breloer（2008: 42, 135f.）

35 三瓶（2012c）参照。

36 Mikame（2012b）参照。

37 共同注意実現の能力は、生後 9 か月過ぎてから習得するので「9 か月革命」とも呼ばれる（Tomasello 1999: 70）。三浦（2005: 132）は例えば「犬に向かって「ほら、そこ！」と指さしても、犬は指先を見るばかりで、指している先に注意を向けることはできない」と述べている。

38 北山（2005: 20f.）は、子どもが背中を見せて後ろ向きになっている構図は、「鑑賞者が絵のなかに自由に参加できる」つまり「参加的同一化」しやすいと述べている。これは、「主観カメラ」の「肩ナメショット」と共通の機能と解される。

39 同様なことは指示代名詞 der にも妥当する。実例は Mikame（2012b）参照。

40 関係代名詞文は関係文と略す。

41 Fludernik（2006: 169）。

42 体験話法を日本語に翻訳する際には、「のだ」や「ル形」だけではなく「タ形」も用いられることがある。日本語の小説における「ル形」と「タ形」の随意的な交代については浜田（2012: 6ff.）、阿部（2015: 353）参照。この関連で注 46 も参照。

43 関係文は文法的には「従属文（副文）」であるが、同格的（非制限的）関係文は、〈指示代名詞＋定動詞第 2 位〉で書き換えられる（＝主節現象）、すなわち機能的には、「独立文（主文）」として機能し得る。Mikame（1998）参照。

44 正確には後続のどの鉤括弧にも「内的独白（自由直接話法）ほどには作中人物べったりではないが」という但し書きが付く。

45 作中人物を三人称として人名で呼称する地の文も若干の作中人物の視点性を持ち、体験話法や内的独白の「先触れ」となりうる。

例）涼子は閲覧室を見渡した。利用者が増えているが、まだ空いている席もある。無理やりここに割り込んでこなくてもいいのに。　　　　（宮部みゆき、ソロモンの偽証 I: 363）
この例は、地の文（先触れ）→知覚の体験話法→内的独白の順になっている。

46 日本語の「時制」の存否については議論があるが、本稿ではドイツ語との比較の簡明さの観点から便宜上「現在時制」、「過去時制」を用いる。なお熊倉（2006、2011）には「タ

形」を「イマ」と関係づけて「現前」とする興味深い特徴づけがある。

47 「役割語」は金水（2003）が初めて提唱した概念である。金水によれば（ibid. 35、205）役割語は「言語上のステレオタイプ」であり、次のように定義する（ibid. 205）。「ある特定の言葉づかい（語彙・語法・言い回し・イントネーション等）を聞くと特定の人物像（年齢、性別、職業、階層、時代、容姿・風貌、性格等）を思い浮かべることが出来る時、（…）、その言葉づかいを「役割語」と呼ぶ。そして役割語の重要な指標として、人称代名詞、特に話し手自身を表す一人称代名詞と文末表現を挙げている。なお対話の相手や状況・場面により代名詞「あたし、私、僕、俺、吾輩、わし等」、敬語や丁寧語などは使い分けられる。金水（2003）、三瓶（1996a）、Mikame（2016）参照。

48 würde について例(19)及び注 25 参照。

49 中学生が主な登場人物である宮部みゆき作「ソロモンの偽証」では、生徒同士の会話と同様に内的独白や体験話法でも基本的に、男子生徒は「僕、おれ」、女子生徒は「あたし」が使われている。例1）藤野さんだって、あたしと同じ女の子なんだもの。(III-543)、例2）僕はもう、裁判が始まる前の僕じゃない。(III-545)

50 ドイツ語の体験話法部の翻訳は英語と同じく「3人称・過去」となっている。Mikame（2016: 133）参照。

51 注 42 と注 46 参照。

52 「反感」を含意する心的直示について注 22 参照。

53 注 14 参照。

54 付説の体験話法と kommen、同格的（非制限的）関係文、3.3 節の体験話法の翻訳については、該当節で略述したのと紙幅の都合で「4 まとめ」では省いた。

55 作中世界の外の、作中人物から距離を置いた(auktorial)語り手の視点性の意味である。注 2 参照。

参考文献

Breloer, Heinrich. (2008) *Thomas Manns „Buddenbrooks": Ein Filmbuch von Heinrich Breloer*. Frankfurt a. M.: Fischer.

Bühler, Karl. (1934/1982) *Sprachtheorie. Die Darstellungsfunktion der Sprache*. Stuttgart: Fischer.

Cohn, Dorrit. (1978) *Transparent Minds. Narrative Modes for Presenting Consciousness in Fiction*. Princeton, NJ: Princeton University Press.

Duden. (2005) *Band 4. Die Grammatik*. 7. Aufl. Mannheim: Dudenverlag.

Duden. (2009) *Band 4. Die Grammatik*. 8. Aufl. Berlin: Dudenverlag.

Ehlich, Konrad. (2007) *Sprache und sprachliches Handeln*. Band 2. Prozeduren des sprachlichen Handelns. Berlin: de Gruyter.

Fludernik, Monika. (1993) *The Fictions of Language and the Languages of Fiction. The linguistic representation of speech and consciousness*. London: Routledge.

Fludernik, Monika. (2006) *Einführung in die Erzähltheorie*. Darmstadt: Wissenschaftliche Buchgesellschaft.

Herdin, Elis. (1905) *Studien über Bericht und indirekte Rede im modernen Deutsch*. Dissertation. Uppsala.

Hoffmeister, Werner. (1965) *Studien zur erlebten Rede bei Thomas Mann und Robert Musil*. The Hague: Mouton.

Kühn, Ingrid. (1988) Beziehungen zwischen der Struktur der „Erlebten Rede" und ihrer kommunikativen Funktionalität. In: *Zeitschrift für Germanistik* 9, 182–189.

Mikame, Hirofumi. (1996b) Markierte Perspektive, perspektivische Annäherung des Sprechers an das Objekt und direkte Wahrnehmung. Zur Signalisierung der psychisch-kognitiven Nähe des Sprechers zum Objekt. In: *Sprachwissenschaft* 21, 367–420.

Mikame, Hirofumi. (1998) Relativsätze aus textpragmatischer Sicht. In: Karin Donhauser / Ludwig M. Eichinger (Hrsg.) : *Deutsche Grammatik – Thema in Variationen. Festschrift für Hans-Werner Eroms zum 60. Geburtstag*. Heidelberg: Winter, 101–119.

Mikame, Hirofumi. (2012b) Erlebte Rede—ihre Doppelperspektivität und Hauptleistungen. In: *Wirkendes Wort* 62, pp. 293–310.

Mikame, Hirofumi. (2016) *Psychische Perspektivität in der deutschen Sprache. Eine kognitiv-linguistische Untersuchung*. Hamburg: Buske.

Müller, Arnold H. (2006) Die subjektive Kamera. In: *Videofilmen* 2, 40–43.

Müller, Arnold H. (2010) *Geheimnisse der Filmgestaltung. Das Handwerk. Die Regeln der Kunst*. Berlin: Schiele & Schön.

Roncador, Manfred von. (1988) *Zwischen direkter und indirekter Rede. Nichtwörtliche direkte Rede, erlebte Rede, logophorische Konstruktionen und Verwandtes*. Tübingen: Niemeyer.

Schecker, Michael. (1998) Über den Nominativ und die Subjektivierung im Deutschen. In: Vuillaume, Marcel (Hrsg.) : *Die Kasus im Deutschen: Form und Inhalt*. Tübingen: Stauffenburg, pp. 131–140.

Socka, Anna. (2004) *Sprachliche Merkmale der erlebten Rede im Deutschen und Polnischen*. Tübingen: Niemeyer.

Stanzel, Franz K. (1964/1993) *Typische Formen des Romans*. Göttingen: Vandenhoeck & Ruprecht.

Stanzel, Franz K. (1979/1991) *Theorie des Erzählens*. Göttingen: Vandenhoeck & Ruprecht. （F. シュタンツェル　前田彰一訳 (1989)『物語の構造―〈語り〉の理論とテクスト

分析』岩波書店）

Steinberg, Günter. (1971) *Erlebte Rede. Ihre Eigenart und ihre Formen in neuerer deutscher, französischer und englischer Erzählliteratur*. Göppingen: Alfred Kümmerle.

Tomasello, Michael. (1999) *The Cultural Origins of Human Cognition*. Cambridge (Mass.): Harvard University Press.

阿部宏(2015)「疑似主体に基づく主観性について―自由話法の仏日対照を中心に」川口順二編『フランス語学の最前線3』pp. 329–357. ひつじ書房.

金水敏(2003)『ヴァーチャル日本語―役割語の謎』岩波書店.

北山修(2005)『共視論―母子像の心理学』講談社.

熊倉千之(2006)「〈主観〉を本質とする日本文学―語り手の声が表出する世界」『月刊言語』35(5), pp. 28–34.

熊倉千之(2011)『日本語の深層―〈話者のイマ・ココ〉を生きることば』筑摩書房.

清水義範(2003)『日本語必笑講座』講談社.

鈴木康志(2005)『体験話法―ドイツ文解釈のために―』大学書林.

浜田秀(2012)「小説の言語行為論のために」西田谷洋・浜田秀編『認知物語論の臨界領域』pp. 1–20. ひつじ書房.

保坂宗重(1985)「体験話法―その文法的形態について―」(脇阪豊他編)『ドイツ語学研究1』pp. 191–220. クロノス

三浦佳世(2005)「視線の構造」北山修：『共視論―母子像の心理学』pp. 129–158. 講談社.

三瓶裕文(1996a)「日本語とドイツ語の体験話法について―間接話法と自由直接話法の間で―」『一橋論叢』115(3), pp. 40–60.

三瓶裕文(2000)「視点，認知的距離，心的態度」(日本独文学会)『ドイツ文学』104, pp. 78–89.

三瓶裕文(2004)「ドイツの子どもの本の体験話法について」(一橋大学語学研究室)『言語文化』41, pp. 95–114.

三瓶裕文(2010a)「心的近さと直接的知覚を軸とする原理について―指示詞 dieser と体験話法を例に―」(日本独文学会)『ドイツ文学』140, pp. 110–126.

三瓶裕文(2012a)「体験話法の機能について―二重の視点性の観点から―」(ドイツ文法理論研究会)『エネルゲイア』37, 17–32.

三瓶裕文(2012c)「指示詞の機能について―dieser と der を例に」井出万秀・磯部美穂編『「入門文法」よく説明・理解できていないこと―テキスト理解を助ける中・上級文法の試み』(日本独文学会研究叢書 083)pp. 49–65.

守屋三千代(2006)「〈共同注意〉と終助詞使用」『月刊言語』35(5), pp. 62–67.

やまだようこ(2010)『ことばの前のことば―うたうコミュニケーション』新曜社.

例文出典

Ende, Michael: *Momo*. Stuttgart: Thienemanns Verlag, 1973.（ミヒャエル・エンデ　大島かおり訳『モモ』岩波書店 2005）.

Hartig, Monika: *Joschi und Uri*. Ravensburg: Ravensburger 1998.

Kästner, Erich: *Emil und die Detektive*. Hamburg: Dressler. 137. Aufl. 1928.（エーリヒ・ケストナー　池田香代子訳『エーミールと探偵たち』岩波書店 2001）.

Kästner, Erich: *Pünktchen und Anton*, Hamburg: Dressler. 111. Aufl. 1931.（エーリヒ・ケストナー　池田香代子訳『点子ちゃんとアントン』岩波書店 2002）.（エーリヒ・ケストナー　高橋健二訳『点子ちゃんとアントン』岩波書店 1962）.

Kästner, Erich: *Das fliegende Klassenzimmer*. Hamburg: Dressler. 149. Aufl. 1933.（エーリヒ・ケストナー 池田香代子訳『飛ぶ教室』岩波書店 2006）.（エーリヒ・ケストナー 山口四郎訳『飛ぶ教室』講談社 1992）.

Körner, Wolfgang: *Ich gehe nach München*. Ravensburg: Ravensburger 1979.

Mann, Thomas: *Buddenbrooks. Verfall einer Familie*. Frankfurt a.M.: Fischer 1960/2008.（トーマス・マン 川村二郎訳『ブッデンブローク家の人々』河出書房新社 1968）.

Pausewang, Gudrun: *Ich geb dir noch eine Chance, Gott!* Ravensburg: Ravensburger 1999.

Rowling, J. K.: *Harry Potter and the Philosopher's Stone*. London: Bloomsbury 1997.（J. K. ローリング　松岡祐子訳『ハリー・ポッターと賢者の石』静山社 1999）.

Wölfel, Ursula: *Der rote Rächer*. Ravensburg: Ravensburger 1996.

青山剛昌『名探偵コナン』Vol. 17. 小学館 1997.（Aoyama, Gosho. Josef Shanel/Matthias Wissnet 訳 *Detektiv Conan*. Bd. 17, Berlin: Egmont 2004）.

井上靖『氷壁』新潮社 1980.（Inoue, Yasushi. Oskar Benl 訳 *Die Eiswand*. Frankfurt a. M.: Suhrkamp 1979）.

遠藤周作『沈黙』新潮社 1981（Endo, Shusaku. Ruth Linhart 訳 *Schweigen*. München: Schneekluth 1989）.

金子みすゞ『金子みすゞ名詩集』彩図社 2011.

俵万智『サラダ記念日』河出書房新社 1989.

原口庄輔編：PRO-VISION. *English Course I*. 桐原書店 2008.

宮部みゆき『ソロモンの偽証』I, II, III. 新潮社 2012.

映画

Buddenbrooks（2008）, Heinrich Breloer 監督.

Emil und die Detektive（2001）, Franziska Buch 監督.

あとがき

　本書が編まれることになったきっかけは、2014年5月24日にお茶の水女子大学で開催したシンポジウム『自由間接話法―フランス文学、フランス語学、ドイツ語学の観点から―』である。これは、日本フランス語フランス文学会の大会において、日本フランス語学会の主催で行ったものである。

　日本フランス語学会は言語学の学会であるが、日本フランス語フランス文学会には、文学を専門とする会員が多く、また、教育を専門とする会員もいる。そこで、文学・語学・教育のいずれの分野の会員にも興味を持ってもらえるテーマとして自由間接話法を選んだ。パネリストは、フランス文学の赤羽研三、フランス語学の阿部宏、ドイツ語学の三瓶裕文の三氏にお引き受け頂いた。シンポジウムでは、相異なる三つの分野からの発表と聴衆との質疑応答により、自由間接話法について多様な観点から議論することができた。

　その後、ひつじ書房の松本功社長からご提案を頂き、書籍化することになった。私はシンポジウムでは発表しなかったが、この企画を通して自由間接話法についていろいろと考えることがあったので、執筆させて頂くことにした。パネリストの三人も書籍化ということで非常に熱心に取り組んで頂き、シンポジウムでの発表から目を見張るほど発展した論文をお寄せ頂いた。こうして、自由間接話法を立体的に捉える論集として、本書を世に問うに至った。

　本書の出版では、ひつじ書房の松本功社長、渡邉あゆみさん、相川奈緒さんに大変お世話になった。この場を借りてお礼を申し上げたい。

2016年11月

編者　平塚　徹

索　引

A

Auerbach　81–83, 90
Authier　55, 57, 58

B

Bally　49, 54
Banfield　6, 7, 26, 27, 32, 33, 38, 39,
　54, 58, 59, 69, 70, 75, 76, 80, 85, 86, 90
Benveniste　51, 59, 69, 89
　→ バンヴェニスト
Blanchot　75

D

de dicto 解釈　14, 15
de re 解釈　14, 15

K

kommen　172

L

Lips　49

P

Pascal　59
POV ショット　35　→ 主観カメラ
Proust　49, 90, 91

R

Rosier　53

S

sembler　137, 138

W

würde　159

え

映画　34, 35, 163

か

語り　21, 22, 51, 52, 56, 57, 59, 68, 69, 75, 89, 91
語り手　32, 33
語り手の声　75
語り手の視点　155
語りの声　75
語りモード　52, 54, 80
間接思考　17, 18
間接話法　1, 2, 6, 8–15, 24–29, 42, 43, 56–58, 62, 63, 65, 74, 90, 150

き

客観　151
共体験　146, 147, 156, 157
共同注意（joint attention）　169

く

空間ダイクシス　101, 104
クロノス的時間　105, 107, 108, 113, 119　cf. 現場直示、ことばによる指差し、直示動詞

け

言語的時間　106–108, 113, 119
言語としての思考メタファー　19
原点（Origo）　144
現場直示　159

こ

心の中の耳　181
ことばによる指差し（sprachlicher Zeigefinger）　169

さ

再現部　148
作中人物の視点　155

し

時間ダイクシス　101, 104
思考　17–20
思考行為の語り手による伝達　17, 18
思考と言葉の表出　75
時制の一致　8–10
視線つなぎ　34, 35
視点　144
地の文　153, 155
自分　133–135
自由直接話法　16, 20, 21, 23, 176
主観カメラ　163
　　→ POV ショット
心態詞　149, 157
身体的視点　144, 146
心的共同注意　165
心的距離　144
心的視点　144, 146
心的視点の移動性　163

索引　197

す

スケール　153

せ

接続法 I 式　151

た

ダイクシス　101, 104, 113　cf. 現場
　直示、ことばによる指差し、直示動
　詞
体験話法　155
単純過去　36–40, 86, 89, 91, 103,
　110

ち

知覚の自由間接話法　34–37, 39, 40
中性　75
中性的　85
中立　151, 152
中和された　177
直示動詞　172
直接思考　18–20
直接知覚　147
直接話法　1, 2, 11, 12, 23, 30, 31, 56,
　58, 64, 65, 68, 74, 148

て

伝達節　12, 22–26
伝達動詞（＝導入動詞）　148

と

ドイツ語　8, 9, 12, 25, 26, 38, 39
同格的(非制限的)関係文　172
導入動詞　→ 伝達動詞
導入部　148
導入部欠如の間接話法　153

な

内心　156, 178
内的独白　68, 70, 176
内話　62, 64, 65, 82

に

二重の声　59　cf. 二声仮説
二重の視点性　158
二声仮説　32
日本語　132–134, 175, 178, 182

は

発話行為　100, 101, 111, 120
発話行為の語り手による伝達　16
話　32, 33, 51, 52, 56, 108–113, 120
話モード　52, 60, 73, 79, 80, 89
バンヴェニスト　32, 33
　→ Benveniste
半過去　36–38, 86, 89, 90
反省的意識　69, 76

ひ

非制限関係節
　→ 同格的(非制限的)関係文
非人称　　75, 80, 91
非人称的　　68, 85
非反省的意識　　54, 69, 72, 75, 76,
　78–80, 84, 86, 89
表出された言葉と思考　　54, 55, 76,
　86

ふ

複合過去　　103, 110
文体の中和化　　178

み

みえる　　137, 138

む

無標　　149

め

メタファー　　19

も

物語　　51, 52　→ 歴史

や

役割語　　175

ゆ

有標　　149

り

臨場感　　163

れ

歴史　　10–111, 113–115, 120, 136
　→ 物語

ろ

ロシア語　　8, 22

わ

話　　32, 33, 51, 52, 56, 108–113, 120
話法　　53

執筆者紹介 ※論文掲載順（*は編者）

平塚徹*（ひらつか　とおる）

1965 年生まれ。1994 年エクス・アン・プロヴァンス第 1 大学 DEA（フランス語学）。同年京都大学大学院文学研究科博士課程言語学専攻中途退学。京都産業大学外国語学部教授。

（主論文）「フランス語の prendre タイプの動詞がとる場所補語について：非線状的事態認知モデル」『言葉と認知のメカニズム：山梨正明教授還暦記念論文集』（ひつじ書房、2008年）、「差異の概念化と言語表現：イギリス英語に different to という言い方があるのはなぜか」『京都産業大学論集：人文科学系列』第 48 号（京都産業大学、2015 年）、「主語名詞句からの前置詞句外置構文：用法基盤モデルによる分析」『フランス語学の最前線 4【特集】談話、テクスト、会話』（ひつじ書房、2016 年）。

赤羽研三（あかば　けんぞう）

1949 年生まれ。東京都立大学人文科学研究科博士課程中途退学。修士（人文学）。上智大学文学部特別契約教授。

（主著・主論文）『言葉と意味を考える』I、II（夏目書房、1998 年）、『〈冒険〉としての小説』（水声社、2015 年）、「語り手のポジション」『防衛大学校紀要（人文科学編）』88（防衛大学校、2004 年）、「小説ディスクールの戦略」『これからの文学研究と思想の地平』（右文書院、2007 年）、「フィクションと読みの体験」『仏語・仏文学論集』42（上智大学フランス文学科、2007 年）、「語りの言語とは何か？―自由間接文体から出発して」『フランス語学の最前線 4』（ひつじ書房、2016 年）

阿部宏（あべ　ひろし）

1958 年生まれ。1989 年学習院大学大学院人文科学研究科博士後期課程退学。2000 年博士（情報科学、東北大学）。東北大学大学院文学研究科教授。

（主著・主論文）『記号を読む―言語・文化・社会―』（共編著）（東北大学出版会、2001）、「フランス語のムードとモダリティ」『ひつじ意味論講座　第 3 巻　モダリティ I：理論と方法』（ひつじ書房、2014）、『言葉に心の声を聞く―印欧語・ソシュール・主観性―』（東北大学出版会、2015）、「矛盾文と「望ましさ」主観性」『場面と主体性・主観性』（ひつじ書房、2017）。

三瓶裕文（みかめ　ひろふみ）

1952 年生まれ。東京外国語大学外国語学研究科ゲルマン系言語専攻ドイツ語学。神戸大学教養部助教授。アレクサンダー・フォン・フンボルト財団研究員（パッサウ大学）。一橋大学大学院法学研究科教授。博士（学術、一橋大学大学院言語社会研究科）。一橋大学名誉教授。

（主著・主論文）*Psychische Perspektivität in der deutschen Sprache. Eine kognitiv-linguistische Untersuchung*（Buske, 2016）、「話者の心的態度と統語現象 —daß 補文をめぐって」（日本独文学会）『ドイツ文学』74（1985）、Erlebte Rede—ihre Doppelperspektivität und Hauptleistungen, *Wirkendes Wort* 62（2012）。

自由間接話法とは何か—文学と言語学のクロスロード
Free Indirect Discourse: Where Literature and Linguistics Meet
Edited by Hiratsuka Tohru

発行	2017 年 2 月 1 日　初版 1 刷
定価	3200 円＋税
編者	© 平塚徹
発行者	松本功
装丁者	井上智史
印刷・製本所	株式会社 ディグ
発行所	株式会社 ひつじ書房

〒 112-0011 東京都文京区千石 2-1-2　大和ビル 2 階
Tel.03-5319-4916　Fax.03-5319-4917
郵便振替 00120-8-142852
toiawase@hituzi.co.jp　http://www.hituzi.co.jp/

ISBN978-4-89476-821-5

造本には充分注意しておりますが、落丁・乱丁などがございましたら、
小社かお買上げ書店にておとりかえいたします。ご意見、ご感想など、
小社までお寄せ下されば幸いです。

ひつじ意味論講座

澤田治美編　　各巻　定価 3200 円＋税

第 1 巻　語・文と文法カテゴリーの意味

第 2 巻　構文と意味

第 3 巻　モダリティ I：理論と方法

第 4 巻　モダリティ II：事例研究

第 5 巻　主観性と主体性

第 6 巻　意味とコンテクスト

第 7 巻　意味の社会性

講座ドイツ言語学　第1巻　ドイツ語の文法論

岡本順治・吉田光演編　定価 4000 円＋税

ドイツ語文法の中でも特徴的なトピックをとりあげ、それらがどのように相互に関係しあっているかを示せるように心がける。共時的観点から、他言語との比較だけでなく、意味論や語用論との関連も重視する。取りあげるトピックは、動詞の位置、スクランブリング、中間構文、結果構文、受動態と使役、時制・アスペクト・モダリティ、自由な与格、名詞句の統語論とその意味、複合動詞、情報構造、心態詞である。

講座ドイツ言語学　第2巻　ドイツ語の歴史論

高田博行・新田春夫編　定価 4000 円＋税

初めにドイツ語の歴史に関して概略的説明を行う。そのあと、第I部では完了形、受動構文、使役表現、機能動詞構造、語順、造語といった文法カテゴリーに関して体系的な通時的記述を行う。第II部では、15世紀から19世紀に至るドイツ語の歴史を、印刷工房、宗教改革、文法家、日常語、大衆新聞という切り口から社会とコミュニケーションと関連づけて、過去におけるドイツ語話者の息づかいが聞こえてくるように描く。

講座ドイツ言語学　第3巻　ドイツ語の社会語用論

渡辺学・山下仁編　定価 4000 円＋税

メディアの変転に伴うドイツ語の「多様性」を見すえつつ、ダイクシス、異文化間コミュニケーション、コノテーション、社会文体論などを基軸として、語用論とコミュニケーション（論）の関係を明らかにする。また、ディスコース、インタラクション、ポライトネス、スタイルに着目し、社会語用論の現代的「展開」の諸相を照射する。談話の仕組みとその問題点を明かし、情報伝達と社会行動の結節点にも迫った。

フランス語学の最前線 1 　【特集】名詞句意味論

坂原茂編　　定価 4800 円＋税

フランス語学の最先端の研究を取り上げるシリーズの第 1 巻。収録論文は、フランス語学を基盤としながらも、広く一般言語学的視野を射程に収める。この巻は名詞句研究を中心に、冠詞、存在文、指示形容詞、否定、時間表現、使役構文などさまざまな研究を収録している。

フランス語学の最前線 2 　【特集】時制

春木仁孝・東郷雄二編　　定価 5000 円＋税

時制をテーマに、広く一般言語学的視野を射程に収めた論文 11 本を集める。各時制についての研究だけでなく、時制体系全体や時制と視点に関する研究も収めるが、バンヴェニストに端を発する発話主体や発話態度に注目した論文も多く、時制研究に大きな刺激を与えることが期待される。

フランス語学の最前線 3 　【特集】モダリティ

川口順二編　　定価 5000 円＋税

モダリティを取り上げ、多様な方法論による分析を展開する。論じられるテーマは法形容詞、蓋然性副詞、強意、動詞接続法、コネクター、反実仮想、所有形容詞、命令、論証、アイロニー、主観性そして呼びかけ、一般言語学レヴェルでも有効な問題提起が行われる。

フランス語学の最前線 4 　【特集】談話、テクスト、会話

東郷雄二・春木仁孝編　　定価 5000 円＋税

文よりも大きな言語単位である談話・テクストと会話を対象とする研究を特集する。取り上げるテーマは、人称代名詞、従属節、接頭辞 re-、外置構文、転位構文、時制、名詞の機能語化、ne … que 構文、アイロニー、文連鎖、自由間接話法など。